樂律

親子高效溝通：從爭執到擁抱的教育策略

重視「身教」× 祖母法則

考 × 反省策略

不開的親子迷局，

理解的教育旅程！

高惠娟 著

如何跟孩子說話，才是有效的交流？

你以為你說得很清楚了，孩子卻沒又聽進去？

培養獨立思維、實施賞罰制度、激發合作意識、避免暴力言語……

親子溝通學，就是家庭教育的第一課！

從「溝通」破除家庭教育的迷思，拆解親子關係間的所有障礙！

目錄

前言

第一章　有效溝通——建構和諧親子關係

◈第一節　有效溝通的前提……010
◈第二節　傾聽是溝通的重要橋梁……016
◈第三節　信任是建立親密關係的基石……023
◈第四節　尊重才能互相理解……035

第二章　賞識教育——讓孩子在愛中成長

◈第一節　賞識教育開啟愛之旅……044
◈第二節　母親，賞識教育中的重要角色……051
◈第三節　表達你對孩子的賞識……061
◈第四節　避開賞識失誤……070

第三章 懲罰教育——幫助孩子自我醒悟
◈ 第一節 賞罰有度，拒絕教育「抗體」…… 078
◈ 第二節 欲擒故縱，讓孩子自食其果…… 086
◈ 第三節 智慧溝通，給孩子自我反省的機會…… 094
◈ 第四節 屢教不改，需講究策略…… 108

第四章 獨立教育——獨立是成長的第一步
◈ 第一節 引導孩子獨立思考…… 120
◈ 第二節 不要過度保護你的孩子…… 134
◈ 第三節 有一種愛叫「放手」…… 139
◈ 第四節 獨立的孩子早當家…… 151

第五章 心理教育——關注孩子的心靈成長
◈ 第一節 做孩子稚嫩心靈的守護者…… 158
◈ 第二節 培養孩子的自信心…… 170

◈ 第三節　沒有比堅持更有意義的事……178
◈ 第四節　為孩子儲備「人生財富」……184

第六章　解決問題——達成合作的協定

◈ 第一節　孩子「不聽話」，家長要先調整心態……194
◈ 第二節　孩子反抗時，家長要找好對策……202
◈ 第三節　善用技巧，激發孩子的合作意識……212
◈ 第四節　祖母法則，和孩子「簽協定」……217
◈ 第五節　專家出招，告訴家長們「怎麼辦」……224

第七章　語言風暴——建立家庭語言系統

◈ 第一節　餐桌上的教育風暴……234
◈ 第二節　別讓孩子的幸福終結在你的嘴上……246
◈ 第三節　避開暴力溝通……259
◈ 第四節　用幽默的方式和孩子交流……266

第八章　以身作則——身教重於言教

◈ 第一節　當孩子最需要的家長……274
◈ 第二節　優秀父母應該懂得愛的智慧……290
◈ 第三節　不要做欺騙孩子的父母……298
◈ 第四節　為自己樹立威信……303

前言

劉女士這段時間忽然安心了不少，因為自己十一歲的兒子開始主動與自己交流了。以前都是劉女士跟在兒子的屁股後面，追著問他中午想吃什麼，學業順不順利，考試考多少分等。有段時間，兒子開始厭學，他討厭去學校，每次都是被強行拖進車子裡。當劉女士意識到問題的嚴重性時，她開始做了一些調查，和老師一起幫助兒子減少他在學校的時間。

此外，劉女士開始回應兒子「討厭」去學校的感受，而不再向兒子做一些她根本做不到的保證，也不會再去努力排除他的焦慮感。以前，她總是會說：「好孩子，你知道我一定會在你放學時在校門口等著你的。」或者「等到了學校，一切就都會好起來的。」「見到你的朋友之後，他們會很高興的。」……結果，這些話除了讓兒子更加牴觸之外，別無他用。

後來，劉女士改變了策略。她把那些話通通換成了：

「亮亮，我們該換衣服去學校了。馬上就上車。」

「不，我討厭學校。」

「我知道，學校並不是你喜歡的地方。你喜歡在家裡玩你的電腦遊戲……嗯，好了，我們穿上外套吧。」

「我不喜歡去。」亮亮走到門口，依舊央求著媽媽，但還是穿上了外套。

就這樣，劉女士每次都會對亮亮的感受做出回應，而且不再使用之前的說教口吻，接納了亮亮的反抗情緒。奇妙的是，亮亮慢慢地變得聽話了。

事實上，父母與孩子之間的溝通和交流本來應該是個比較私人的話題，要想憑一本書就改變父母與孩子之間的親子關係，或許有點不可思議，但我們相信，只要大家一起分享這些教育的技巧，家長們一定能夠從中領悟到這些技巧背後的內涵與實質，在實踐中加以靈活應用。

本書共分為八章，每一章都有一個教育主題，力求幫助家長解開教育的迷局，與孩子進行更好的交流和溝通。

第一章

有效溝通——建構和諧親子關係

和諧的親子關係的前提是有效的溝通。而有效溝通的重要前提又是什麼呢？教育專家認為，會傾聽、懂得尊重孩子並且足夠信任孩子的家長，一般而言，親子關係都不會太差。那麼，什麼是有效溝通？家長該如何與孩子進行交流？為什麼說會傾聽的父母，孩子就願意與他們交流？親子間的信任到底意味著什麼？家長為什麼要尊重自己的孩子？帶著這些問題，本章將為你開啟一個全新的教育世界。

第一節 有效溝通的前提

擁有一份良好的親子關係不僅是父母的願望，也是孩子的期望，良好的親子關係是和諧家庭氛圍的重要因素，是父母與子女共同的追求。然而，在現實生活中，雙方卻經常會感到無奈和痛苦，孩子難以接受父母所謂的權威、嘮叨、主觀、保守，甚至還有點固執的教育方式，而父母也不能接受孩子的我行我素、不聽話、好高騖遠、經不起挫折，甚至是和自己唱反調的一些言行。於是，在一個家庭裡總是會出現父母與子女之間矛盾激化的現象，甚至很多父母感嘆，如今的孩子就像是脫了韁的野馬，難以馴服。

但是，孩子並不是什麼野馬，更不需要馴服，而父母也完全沒有必要去學習如何「馴獸」，因為孩子雖小，可是他們也是社會的一員，他們是現代人，在現如今資訊管道多樣化的時代，父母應該做的是學習如何去和孩子溝通，找到與孩子難以順利溝通的原因，並且積極提升親子溝通技巧，建立親子溝通的重要前提。

研究發現，在一個親子關係和諧的家庭中，父母與孩子之間的溝通順暢，那麼，孩子通常都不需要父母過多的督促而會主動好好學習；但在一個親子關係緊張的家庭中，無論父母如何苦口婆心，孩子都會出現學習問題，不是這些孩子笨，而是他們有心結。親子關係緊張，溝通出現障礙，使得孩子出現了反抗心理，進而影響到學習。

心理學家根據長期研究成果，將家長和孩子溝通難以順暢的原因總結如下：

1. 相處時間太少。生活和工作的壓力常常使人精疲力竭，而為人父母就會更加覺得肩上的壓力之大。許多家長會認為，給予孩子更好的物質條件比什麼都重要。所以，當他們帶著這樣的宏偉志向在外面打拚時，孩子卻被遺落在孤獨的角落裡。父母與孩子的相處時間太少，這是導致溝通問題的重要原因之一。

2. 溝通的內容永遠都在圍繞著「我」。一場以「我」為中心的談話，偏離了解決問題的目標，是家長自我情緒的發洩途徑，最容易激起孩子的反感情緒。譬如，孩子期末考試沒有拿到以往的好成績，家長得知後非常不高興，於是說：「就憑你這學期的表現，我就知道你的成績一定會下降！」這句話其實是家長自身不滿情緒的表達，不僅沒有考慮到孩子的心理感受，也沒有真正解決問題。類似的話，家長說得越多，孩子就越是厭煩。

3.滿足自身控制欲的談話。家長與孩子溝通交流應該是能夠更好地促進其成長，關心孩子的成長所需，而並非是達到家長對孩子的所謂控制。譬如，當孩子興高采烈地對家長說：「媽媽，我又是全班第一名。」此時孩子無非就是想聽到家長的一些鼓勵和認可的話語，但有些家長偏偏會這樣說：「嗯，不錯，下次努力拿個全校第一回來。」既沒有充分關注孩子的成績和努力，還將自己的意願（全校第一）強加在了孩子的身上，把注意力完全轉移到了另外一個方向。

4.不懂得傾聽、急於表達的傳統談話模式。家長在孩子面前一向都是權威的代表，是長輩，認為孩子還小，應該聽從家長的安排，不容許他們有自己的意見。所以，這類家長通常都是急於表達而不懂得傾聽的類型，不傾聽又怎麼會真正了解孩子的內心呢？溝通自然就成了問題。

另外，家長要知道，有效溝通應該是雙向的，當你在不停地說時，應該考慮到孩子。成功溝通的先決條件是和諧的氛圍，在和諧的氣氛中，孩子不會啟動自我保護機制，當然就更加樂意「聽話」。因此，溝通的重點不是控制孩子，不是推動孩子，不是強調的過程，也不是你說得多麼有道理，而是溝通的效果，也就是你說的是否能夠被孩子接受。

心理學家認為，雙向溝通是一方在表達完自己的觀點之後，另外一方給出了回應；而有效的雙向溝通應該是另一方給出的回應是對方期望的。父母與子女之間有效的雙向溝通，應該是父母說的話孩子願意聽，並且也樂意按照這樣的方式去做，即使不是完全接受，但也非常樂意進一步溝通，或者是說出自己的想法，喜歡與你一起討論，這些都是非常成功的有效溝通。

那麼，在氣氛和諧的基礎上，家長還應該考慮到以下幾點：

1.及時改變溝通方式。在你與孩子溝通時，要注意觀察和體會孩子的情緒變化和想法，並及時更換溝通的方式。比如，同樣一句話，在不同的心境下聽到，內心的感受就會完全不同。

2.溝通不能控制，也不能推動。當父母基於愛的動機，代孩子做決定或要求孩子去做一些違背他們意願的事情時，會認為孩子必須並且理所應當地要接受，一旦孩子表示拒絕時，家長就會埋怨，甚至生氣，覺得孩子辜負了自己的一片苦心。

但事實上，每個人的心中都有一套最適合自己的定位，孩子也不例外。當家長認為對他更好的做法不符合他的定位時，孩子便難以接受；況且家長的某些決定也只是站在一個家長的位置上，而並非站在孩子的立場上看問題。因此，家長如果希望做到有效的雙向溝通，強迫的做法是沒有用的；更有效的做法是站在孩子的立場上去思考和做決定，引導孩子自己去思考和發現，只有這樣才有可能讓孩子接受你的觀點。

3. 不要強調對或錯，而要看重溝通的效果。不好的溝通方式是：你一直在強調自己是如何正確，而對方卻是如何不知好歹，這種溝通只會浪費時間。家長在與孩子溝通時，要注意觀察孩子的反應，並適時變換說話的方式和語氣，直到孩子給出了你期望的回應。

4. 不要猜測，如果不確定，可以主動找孩子談談。沒有人能夠真正懂另外一個人心裡在想什麼，身為父母，你也同樣不會知道自己的孩子在想些什麼。當你無法確定時，不要做無謂的猜測，應該主動地找孩子聊天，不僅可以加深感情，還會令你更為了解你的孩子。當你真正了解了他們時，相信你的每一個關於他們的決定都不會讓孩子們失望。

5.坦誠的關心。在一個家庭中，父母與子女之間是存在千真萬確的關愛的，但很多父母卻在與孩子溝通的過程中將它忽略了，而一味地帶著目的性，不管怎樣都要求孩子一定要聽自己的。這無疑會激起孩子的反抗心理，「你越是要我這樣，我就偏不」，最終導致溝通失敗。但當你帶著一顆關懷的心去與孩子交流時，他們就會感受到。

6.尋找和孩子一致的信念。兩個陌生的人為什麼會成為朋友？還不是因為大家趣味相投。興趣愛好類似，價值觀一致，這樣的人就很容易交心。那麼父母與子女之間呢？不妨試著尋找你與孩子之間存在的一致信念，當孩子發現你們是站在同一條戰線上時，就會產生合作的意識，在此基礎上進行的溝通，會有更好的效果。

第二節 傾聽是溝通的重要橋梁

有一位年輕母親帶著她那十歲的兒子來到了心理諮商中心，在與心理醫生交談的過程中，這位母親一直都在數落著孩子如何如何不對，哪裡哪裡錯了等等。連旁人看在眼裡，都為小男孩感到委屈，而心理醫生則在他的臉上看到了「習慣」二字，顯然，男孩在家中就經常性地被數落。

「這孩子總是不好好學習，我和他爸把所有希望都寄託在他身上，可是他就知道玩。結果，這次期末考試排名倒數第一，他爸爸一氣之下又打了他，他倒好，現在連聲『爸爸』都不叫了……還有上次，他和同桌同學打架，還扭傷了人家的手臂，害我們向對方家長賠禮又道歉，還支付了全部醫療費，你說這孩子將來可怎麼辦……」

心理醫生一邊聽著這位母親的陳述，一邊觀察著孩子的表情變化。後來，心理醫生要求單獨和孩子談談，這一談才知道，真實的情況遠非這位母親說得那樣簡單。所謂的和同學打架，是對方先動手，但父親卻不給他解釋的機會。在這個十歲小男孩的心裡，其實藏著不屬於他這個年齡的心事，男孩說的最觸動心理醫生的一句話是：「他們根本就不給我解釋的機會，沒有人理解我。」

經過與孩子長達半個小時的耐心交談，心理醫生這才知道，事實並非他母親說的那樣，而是另有隱情，只不過他們都不給孩子解釋的機會罷了。原來，被其父親打的那天，孩子的母親在外地出差，小男孩剛巧在那天的算術小測試中得了三分，其父親一看是三分，與滿分五分相差甚遠，頓時大發脾氣，拿起皮帶就朝男孩的屁股上抽，結果男孩為了躲避爸爸的追打，頭撞到了桌角上，不一會兒就流血了。

男孩感到很委屈，當天他在感冒，加上算術測試題本來就很難，班上許多小朋友都只得了三分，可是父親不分青紅皂白就拿皮帶抽他，屁股疼，頭也疼，而父親卻埋頭在一堆工作中沒有管他。於是，男孩抱著存錢筒，偷偷溜出家門，去了外婆家。外婆見孩子額頭破皮還流著血，就帶著他到附近的診所包紮了傷口。那次之後，小男孩就覺得外婆對他最好了，父母根本就不愛他，所以，男孩只願意和外婆說悄悄話，而在父母面前變得越來越沉默寡言，這才使得他們誤以為男孩得了心理疾病。

心理醫生將小男孩的陳述單獨轉述給了他的母親，並建議他們今後在與孩子溝通時，多給其表達自己的機會，鼓勵他說出內心的感受，而不是主觀、強勢地將過錯全部推到孩子的身上。假如孩子沒有機會表達自己的感受，年深日久，便會產生各種消極的情緒，如不聽話、過度內向或頑皮等。

家長們應該要知道，孩子在成年人的面前不管有多麼「不聽話，不爭氣」，但他們始終還是孩子，是弱者。如果身為他們的父母都不能給予其表達內心的機會，那孩子便只好單獨忍受這份痛苦和孤獨，或者為了逃避來自父母的責怪，甚至打罵，他們就會求助於他人，而一旦求助他人失敗，孩子就很容易出現各種極端行為，譬如離家出走、在外遭遇不測、甚至是犯罪等。

孩子每一個看似不正常的行為背後或許都有一個再正常不過的理由。他們或許是因為精神上與身體上的創傷，也可能是在宣洩內心的負面情緒，還可能是在呼喚父母給予其更多的關注和支持。而身為父母，一定要正確地解讀孩子行為背後的心聲，給他們發言的機會。

第二節

傾聽是溝通的重要橋梁

可見，父母與子女之間的溝通非常重要，而一個順利、有效的溝通更是決定孩子言行的關鍵。但前提是，父母必須改變以上不利於有效溝通的方式，從現在開始，去鼓勵你的孩子表達內心的感受吧！多聽聽發自孩子內心的聲音，然後再與他們進行溝通。

親子溝通不是指父母對孩子說了多少，而是父母究竟聽了多少，傾聽是所有溝通的重要橋梁，可以說沒有傾聽就沒有理解，而沒有了理解，溝通也就失去了再進行下去的意義。因此，身為父母的你只有理解了你的孩子的心聲，才能夠架起你們之間溝通的橋梁。

事實上，父母普遍存在這樣一種觀念，即自己的孩子就是自己說了算，孩子必須按照父母設定好的道路走，聽話的孩子才是他們心目中的好孩子。但越來越多的實踐證實了該觀念的錯誤性和脫離時代，因為現代孩子的需求已經完全不同於以往，家長只有像朋友一樣和他們相處、交流，他們才會對家長敞開心扉，願意與之進一步交流，聽從父母的說教。

1. 向孩子表達自己的感受。父母當然可以將自己的內心感受說給孩子聽，這會拉近你們的心理距離，同時也可以教會孩子如何去關注別人的內心世界，去分享對方的歡樂，分擔對方的憂愁；在此基礎上，孩子也會很樂意表達自己的喜怒哀樂。

2.堅持每天與孩子進行10到20分鐘的聊天。譬如在散步時、在共同打掃房間時、在陪孩子一起看卡通時、在睡覺之前等，這些時間都是相對比較輕鬆的，在溫馨而放鬆的氛圍裡，孩子會更加願意吐露心聲。

3.應鼓勵並認可孩子表達不同情緒。當孩子表達歡快情感的時候，家長要充分給予肯定，而當孩子表達內心不好的情緒時，家長也應該表示理解與尊重，並且教他們如何使用正確的方式宣洩這些不好的情緒。

4.鼓勵、支持孩子對藝術的追求與愛好。各類康樂活動、藝術鑑賞等活動都可以轉移，甚至是昇華孩子的負面情緒，家長應該支持孩子的愛好，不在言語間對其愛好進行否定，甚至是貶低，要知道，支持他們的興趣愛好，就相當於認可了他們，在此基礎上發表家長自己的意見，孩子也比較會聽得進去。

5.父母要做好良好溝通的榜樣。父母是孩子的模仿機會最多的老師，父母在交流中如何表現，將會成為孩子模仿和學習的對象。譬如，父母吵架究竟是背著孩子比較好，還是當著孩子的面？這個問題的答案是，當著孩子的面吵，然後再在孩子的面前改善關係，這是一個非常有效的溝通範本。心理學家認為，孩子對自己的父母非常敏感，他們的領悟能力也遠遠超出大人的想像，父母之間如果不能好好交流和溝通，孩子就會模仿，並不知不覺受到影響。父母之間正確的溝通方式會讓孩子從小就學習到愛與支持，這樣的精神力量要比其他任何形式的教育都要重要；而且父母之間的愛會使一個孩子的心處在平和的狀態，更加有利於其心智的發展。

下面是一些有助於傾聽的小訣竅：

1.當孩子與你說話時，不要再忙別的事，放下手上的工作，注視著他的目光，並保持目光接觸。

2.當你與孩子獨處時要把握機會，認真傾聽孩子的每一句話，這樣有助於孩子向你敞開心扉。

3.表情認真而帶著放鬆的微笑，不要用表情向他們施加任何壓力。

4.表情要隨著孩子表述內容的不同而做出相應的變化，讓他們感受到你是重視的，並且適時點頭。

5.當孩子在表達時，不要輕易地打斷他們的思維，讓他們把話說完，否則就是不尊重的表現，會影響孩子對你的信任感。

6.傾聽的過程中，根據內容適度提問，身為家長，你可以適當地表述自己的觀點以引導孩子更為深入地談論。

7.避開價值判斷。用不帶有任何評價的方式傾聽，會營造安全的談話氛圍。比如，你的孩子忽然告訴你說：「我不想上學了。」你的第一反應肯定是很難接受，然後緊接著就會蹦出這樣一串字句來：「你怎麼能這麼想！」「你不能這樣，這太不像話了！」「你知道這個世界上有多少小朋友想上學都上不了嗎？真是身在福中不知福。」當你表達完了你的價值判斷之後，有沒有想過孩子的感受？你難道就不想了解一下孩子為何會有這樣的想法嗎？這類帶有價值觀的評判對孩子來說就是批評，受到批評的孩子就喪失了溝通的欲望。所以，你應該將以上說法改成：「你是說你最近對上學沒有興趣了嗎？」「可以告訴我原因嗎？」這樣問，孩子就會感覺到你的關愛，假如他們心裡真有困擾存在，那就抱著支持的態度去傾聽，而當孩子知道得到父母的支持時，也會很樂意進一步溝通和交流。

第三節｜信任是建立親密關係的基石｜

◇一、用信任建立親密關係

吳女士在週二的中午接到丈夫的電話，說他有事中午就不回去吃飯了，並要求吳女士帶著孩子去她奶奶家做飯。吳女士正在讀小學的女兒陽陽，平時放學都是直接回家吃飯，但今天是去她奶奶家，吳女士擔心女兒走錯路，便拿起手機打了個電話給她的導師，要求老師轉告女兒。

但令吳女士想不到的是，電話一接通，耳邊就傳來導師告狀的聲音，說馬陽陽這段時間總是作業拖拉，幾乎沒有一次是按時完成作業的。後來，吳女士說有時間就去學校和老師交流交流，但這位老師又以教務忙為理由推辭了。吳女士幾乎忘記了打電話的主要目的了，心裡頓時生出一絲無奈，還有對女兒的擔憂。

掛了電話後，吳女士便急忙去婆婆家幫忙做飯，一路上都在想女兒最近不能按時完成作業的原因，還有如何能讓導師不要對女兒失去希望等。沒多久她就到了婆婆家，緊接著就是洗菜做飯，等做好飯菜，眼看就快到下午一點了，陽陽卻始終都沒有來。

吳女士著急了，生怕孩子走錯了路，此時，她一拍腦袋，剛才只顧著聽老師數落女兒了，卻忘記了要老師轉告的事情。於是，她再次撥通了女兒導師的辦公電話，但始終無人接聽，想必是早已經放學了。

吳女士趕緊回家，果然在社區的樓下看到了一臉委屈的陽陽，見孩子還有些煩躁和抱怨的情緒，吳女士頓了頓，連忙說：「我知道妳很委屈，如果媽媽告訴妳我是因為要照顧生病的奶奶的話，我們陽陽肯定就不會生氣了，對不對？」

陽陽緊皺的眉頭一下子就舒展開了，還問：「奶奶還好嗎？」「她很好，不用擔心。現在就和我一起去奶奶家吃飯吧。」在路上，吳女士告訴女兒自己中午打電話給她的導師了，然後老師說她的作業沒有按時完成。陽陽著急了，「沒事打電話給老師做什麼？」

「我是想讓老師轉告妳中午去奶奶家吃飯呀，怕妳走錯了。」

「可是我還是走錯了。」

「是我的錯，我只顧著聽老師說話了，忘記說這件事了。不過，老師說了，他對妳抱有很大的希望，相信妳一定會在這週之內將作業的問題都搞定了，以後也會好好完成作業的。」

「老師真的這樣說？」陽陽的眼裡充滿了興奮。

「是啊，我一直都相信妳的。陽陽懂得關心長輩，也能夠體諒媽媽，還在努力學習，真是我們的好女兒。」

這天之後，陽陽每天的作業都按時完成了，並且果真在這一週內將所有遺漏的作業都補完了。

信任會在孩子幼小的心靈中點燃一團火焰，使他們充滿活力和動力。假如吳女士和陽陽之間的對話是這樣的：

「怎麼不高興啊？」（知道女兒生氣的原因，卻明知故問）

「不想說！」

「現在的小孩子怎麼都不懂得體諒大人？」

「……」

「我中午打電話給妳的導師了，他說妳最近的作業總是沒完成，怎麼回事？難道我讓妳幫我做家事了嗎？」

「妳沒事幹嘛打電話給他？」

「妳可以不好好學習，我就不能打電話了嗎？妳要是再這樣下去，老師早晚會放棄妳的！」

「別說話了，我耳朵都快長繭了！」

溝通是教育孩子最重要的手段之一，父母與孩子之間的談話很關鍵，不管孩子的表現如何，身為家長都要信任他們，給予鼓勵與支持，而不是貶低和訓斥他們。信任你的孩子不是說要相信他們總是對的，而是要接受孩子的獨特性，他們的言行會與其年齡層相符，也就是說，你不可能要求你的孩子像個成年人一樣勤懇，一樣具有責任心。他們或許會因為貪玩而不想寫作業，也許會因為一時的小脾氣而去踐踏草坪，這些都不能成為你粗暴地對待他們的理由。

而信任卻可以改變這一切。但信任並不是要由著他們的性子來，當他們在學習、生活上遇到了困難，你的支持和鼓勵就是最好的信任。有了信任之後，就不必再去控制他們、懲罰他們了，信任會令你變得耐心，比如透過合作解決問題，或者多問幾聲「怎麼樣、是什麼、為什麼」等來引導和幫助孩子認知到自身的錯誤。信任使家長的眼光更長遠。

◇二、信任孩子並作他們的朋友

心理學家認為，人類對信任的追求其實是一種非常積極的心態，是每一個正常人的普遍心理，是一個奮發向上、積極進取的人最根本的心理表現。信任的心理機制對孩子良好心態的形成有著非常關鍵的推動作用。

小茜今年九歲了，被父母視為掌上明珠，長那麼大，母親從來都沒有讓她單獨出門過，上學放學都是母親親自去接送，生怕女兒出點什麼事。其實，小茜母親之所以不願鬆手，主要還是因為她對女兒不夠信任，並且是對孩子本身缺少信任。

後來，隨著小茜慢慢長大，要求獨立的意識也越來越強烈了，好幾次都試圖掙脫母親的手，想自己走路，但都被母親拉了回來。有一回，小茜要去書店看書，按照慣例還是由母親陪著她的，小茜也央求過想自己一個人去，但母親都沒有同意。就在距離書店不遠的一個十字路口，小茜再次央求母親，並且很鄭重地說：「媽媽，我知道妳關心我，但妳要相信我，給我一次機會，我沒問題的。」小茜哀怨而又堅定的眼神終於讓這位母親鬆手了，她遠遠地看著小茜自己跟隨人群過馬路並走進了書店。

大約兩個半小時之後，小茜神采飛揚地從書店裡出來了，她自豪地看著對面的母親，然後靜靜地等著紅綠燈過馬路。

這次事情過後，小茜的母親也改變了以往的教育方式，凡是孩子可以自己處理的事情，她沒有再插手，甚至有的時候還將一些比較重要的事情交給了小茜，結果孩子都完成得很不錯。小茜也漸漸懂事了，因為她感受到了母親對自己的信任。她還將學校的很多趣事說給母親聽，逗她開心，也會挽著母親的手臂，像個朋友一樣一起出門遛狗。

可見，孩子渴望父母的信任，也需要父母的信任。有調查發現，子女對父母有著一種特殊的信任，他們往往會把自己的父母視為學習上的啟蒙老師、德行上的榜樣、生活上的參謀、感情中的摯友；而反過來，他們也同樣非常渴望得到父母的信任，希望像朋友一樣無話不談，並認為，只有得到了父母的信任，才意味著得到了重視和鼓勵。

可見，父母的信任是一股足以觸動孩子心靈的力量。在家庭教育中，父母的信任會讓子女感覺到與父母處於平等的地位，從而更加尊重、愛戴、親近與服從他們，並樂於向父母吐露心聲，父母也獲得了更多了解子女內心的機會。

曾有一位教育專家指出，教育的奧祕在於相信自己的孩子「行」。教育史上有一個「暗含期待效應」，說的就是信任在教育中發揮的巨大作用。父母如果能夠做到信任自己的孩子，並作他們的朋友，便能夠成功激發出孩子內心的動力，讓孩子體會到成功的快樂、失敗的滋味，在父母滿是信任的目光中，摔倒後依然選擇堅強地爬起來。

那麼，父母要如何做到信任自己的孩子並作他們的朋友呢？心理學家提出了以下幾點建議：

1.幫助孩子樹立自信心。自信是一個人有所作為的重要前提，父母要培養孩子的自信心，正確看待讚許和批評，戰勝各種困難。

2.正確地對待孩子的缺點。當發現孩子犯錯了之後，要在分析道理的基礎上指出原因和危害，而不是不分青紅皂白地大加斥責，沒有什麼方法會比一番循循善誘的說理更能夠讓一個犯了錯的孩子正確意識到自己的錯誤。做父母的要給予理解和信任，理解孩子所犯的錯，相信他們能夠越來越好。

3. 為孩子提供表現能力的機會。正如上述案例中的小茜，如果她的母親永遠不放手，她就沒有辦法得到獨立，她的母親也就沒有機會看到自己女兒的能力。因此，父母要做的不是熱心包辦或冷漠蔑視，而是相信孩子的能力，支持並給予他們表現自己的機會。

4. 寬容與包容，嚴格與嚴肅。對待孩子不是對待下屬，不能一味嚴格要求，但也不能太過放縱。所以，家長應該在日常生活中既要做孩子的上司，對他們嚴格要求，隨時給予指引，又要做孩子的朋友，平等相處，友好交談，與孩子一起學習、一起玩耍。

家長對孩子的信任就像情緒一樣，孩子是可以感知到的，這種信任不但要發自內心，還要表現在行為上，比如考試成績下降的孩子，他們屢遭挫折，本身心中就很煩躁了，而父母此時再大加批判，勢必會造成孩子的反抗心理，索性破罐破摔。但假如父母表現出充分的信任，多說鼓勵的話，孩子就會重新找回自信心。

如果父母與孩子之間以信任為基礎建立平等的朋友關係，那父母就不僅僅是能夠在生活上撫養他們的父母了，也是豐富孩子閱歷、給予孩子忠告和幫助的忘年交了。但假如身為父母的你尚未與孩子建立起朋友關係，也不用著急，現在不妨試著跟孩子坐在一起，開誠布公地進行溝通與交流，說出自己的想法並鼓勵孩子表達自己的感受，努力消除隔閡，化解代溝。

◇三、信任你的孩子就是相信生命

如果你的孩子特別固執，固執得令你受不了，有什麼辦法可以在你們之間建立起親密關係呢？你肯定覺得不可能，但只要你相信，就一定可以。

強強兩歲的時候就顯現出了他固執的本質。那時候，他非要將一個雞蛋和另外一個雞蛋疊在一起，疊不好就大哭大鬧，還一直不安分地想要再嘗試，任憑他的父親如何開導都無濟於事，而其他人的任何意見，這個小男孩也不屑接受。後來，這位父親才知道，在孩子大哭大鬧之後仍舊無法將兩個雞蛋疊在一起時，他就會明白，並建立一個關於哪些物品可以疊在一起，哪些物品是不能疊在一起的基本概念。

但是在這之前，這位父親親自為兒子設計了一套方案。他事先將兩個雞蛋煮熟了，當看到孩子因為不能將兩個雞蛋疊在一起又要大哭大鬧時，他拿出這兩個熟雞蛋，在兒子面前將雞蛋一磕，兩個雞蛋果然就疊在了一起。小男孩愣了幾秒鐘，然後就「哇哇」大哭起來，不但說雞蛋碎了，接著還將雞蛋扔在地上使勁踩。父親怒了，一把揪住孩子，在他的屁股上狠狠地打了兩個大巴掌。

這位父親的惱怒其實是因為自己的計畫失敗了，也惱怒孩子為何非要將原本就不可能疊在一起的雞蛋相疊。但孩子可不這麼認為，他一定是覺得父親不允許他去探索，所以，為了避免再次被父親揍，他勢必就要放棄這類探索，那他在今後，甚至長大後也就會失去這種探索精神。

或許很多家長都與這位父親有著類似的經歷，他們希望孩子乖巧、懂事、聽話，卻不知道孩子的倔強、不聽話其實都是天生的自然本性。一個孩子的人生道路和個性發展的方向連他們自己都不知道，也沒有辦法控制，成年人就更加不能控制了；讓孩子按照自己內心的個性密碼成長，便會生成那個獨特的孩子，但這必須有一種篤定的堅持。

身為父母不該成為破壞者，讓他們做自己想做的事情，孩子只有不聽話，才能讓自己去實施大自然賦予的天性「計畫」，保證他們最終形成的是自己，而不會是別人。因此，父母們要相信自己固執的孩子，他很棒，固執只是他們的一種自我保護行為。

心理學家認為，兒童的執拗期一般是在三歲到五歲之間，成年人不要因為孩子的一些執拗言行而發怒，也不要在孩子的背後發火，因為你的情緒，孩子完全可以感知得到。假如你明明心中有怒火，卻還是要在孩子面前堅持微笑，那孩子就會覺得奇怪，心想：爸爸明明很生氣，為什麼還要對我笑呢？這樣一來，為了一探究竟，孩子反而會做出許多的事情來讓你生氣，所以，就有很多家長發現，在自己越是生氣時，孩子就越是不乖。

父母對孩子的信任就好比相信一枚桃核被埋在土壤裡，只要為它澆灌，就一定可以長成一株樹苗，然後開出桃花，結出果實，這是一種生命的狀態，相信你的孩子其實就是在相信生命。而孩子就是一顆種子，父母的信任為其澆灌水分，他們會按照自己的自然機制去成長，家長也不會在孩子成長的過程中產生過多的焦慮情緒。

事實上，每一位家長都希望自己的孩子自信、有才華、有本事，擁有世界上所有最好的一切，希望他們能夠按照自己的觀念發展，要求孩子走自己認為正確的路，希望孩子活得精彩……但是，父母卻在這樣的愛中變得盲目，忽略了孩子自身的需求。

此外，當父母對自己的某些行為或個性特徵不滿意時，也會常常發現孩子與自己一樣，他們擔心孩子會經歷與自己一樣的失敗，便會試著去糾正這些行為或個性。然而，在這樣的過程中，家長其實是在扭曲孩子的天性，因而造成孩子的自卑感和失落感。這其實都是因為家長沒有能夠接受孩子天生的本性所致。

因此，信任不僅僅是日常生活中的小事，還包括你對孩子天性的信任。

第四節 尊重才能互相理解

◇一、尊重孩子，讓他們感覺自己被重視

對孩子的嬌慣、溺愛以及那種恨鐵不成鋼的指責，都不是對孩子愛的表現。孩子的自尊心就像是一棵稚嫩的幼苗，一旦受到傷害，就會留下難以癒合的傷口，影響其一生。

有一次，小亮的老師和小亮的母親周女士說，學校暑假有一個夏令營，可以給小亮一次參與的機會。周女士當即就答應了下來，但當小亮得知之後卻並沒有她想像中的歡呼雀躍。一個星期之後，開始辦理夏令營的手續和繳費，費用有點高，但已經答應了老

師，周女士也就沒有說什麼，只是想著讓兒子去參加夏令營，也是一件好事。

然而，當小亮從學校參加完夏令營培訓回來後，卻眉頭緊皺，他十分不開心地對周女士說：「那個夏令營根本就沒有我想看的海底世界，我不想去了！」周女士說：「我們錢都交了，現在怎麼能不去呢？」「錢交了又不是退不回來了。」小亮的態度非常堅決。

周女士很為難，因為當初答應了老師，況且夏令營對兒子總是有好處的，這樣想著，她幾乎都要訓斥兒子了。但就在此時，她的腦海中忽然閃過一個念頭，也就是在前幾天的家長討論會上，周女士從其他家長那裡借鑑來的經驗——「要做孩子的法官，就先當孩子的律師」。於是，周女士換了一種口吻，說道：「參不參加夏令營，這是你的權利，如果你已經決定不去了，那你就負責去向老師解釋清楚，而且辦好退營手續，可以嗎？」

小亮一聽，眼神中充滿了對母親的感激。他很乾脆地答應了，並且第二天晚上回家時，小亮就將退營的費用如數交給了母親。

心理學家認為，孩子對自身權利的意識在幼年時期就已處於萌芽狀態，父母扮演著

第四節

尊重才能互相理解

喚醒孩子權利意識的重要角色。所以，多尊重孩子的選擇並引導他們了解自己的權利，那孩子的權利意識就會從無到有，並漸漸懂得如何去捍衛自己的權利了。

父母尊重孩子，孩子才能感到自己被重視，才能反過來學習自尊和尊重別人，這是健康人格形成的基礎。教育學家指出，父母是否尊重孩子，將會在孩子的一生中造成至關重要的作用。如果家長能夠將成年人之間那種處理問題的方式、技巧和寬容的態度轉移到孩子身上的話，孩子會很受感動，並且感受到來自父母親的尊重和重視。

但太多的時候，父母都無法做到這一點，在孩子被指責與傷害之後，大多都不懂得要怎樣去捍衛自己的權利以及如何修復被傷害了的自尊心。於是，一些個性較懦弱的孩子就默默忍受，接受父母的決定和判斷，而那些個性較強的孩子則會站出來表示反抗，也就形成了父母眼中「不聽話」的孩子了。

那尊重究竟是什麼？家長給予孩子的尊重不僅是要保護他們的自尊心，還要時刻站在他們的立場上看問題，為孩子營造一個和諧寬鬆的發展環境，不是事事都為孩子操辦，也不是在表面上做做文章，而是要真正地做到理解。設想一下，如果你是孩子，你會怎麼想？你會更需要什麼？當你學會了並且習慣了站在孩子的角度上看問題時，你就已經在尊重你的孩子了，而他們也同樣可以感受得到這份來自父母的尊重。這才是真正的尊重。

心理學家建議，家長要做到真正尊重孩子，可以從以下幾個方面著手：

1. 尊重孩子自己的決定。比如在上個例子中，周女士雖然希望兒子去參加夏令營，但兒子堅持不去，她也就尊重了兒子的意見，並且提醒他：「參不參加夏令營是你的權利」，這就充分地維護了孩子的自尊心。假如周女士不同意退營，執意要求孩子參加夏令營，那小亮就算去了也不會開心，更不會感受到自己是被尊重的。

2. 平等地對待你的孩子。身為父母，要接納你的孩子最天然的樣子，不要歧視，也不要帶有偏見，用一顆寬容的心包容和理解孩子，維護好那顆脆弱的幼小心靈。

3. 允許你的孩子有自己的祕密。父母是孩子的監護人，但這並不意味著父母可以操控孩子的一切，包括他們自己的一點小祕密。父母要尊重孩子，就不要試圖去探究孩子的隱私，一切涉及孩子隱私的行為都應該事先經過孩子的同意和允許，尤其是當孩子越來越大的時候，比如，走進孩子的房間要先敲門，不隨便翻看孩子的筆記等，要把他們當成朋友一樣來對待和尊重。

4.孩子的人格應該得到家長的尊重。孩子不論大小都有自己的人格，都是實實在在的一個人，家長不應認為孩子還小，不需要那些所謂的尊重。

◇二、尊重孩子愛問的天性

世界著名的發明家愛迪生從小就特別愛問「為什麼」，他很好地詮釋了一個孩子好問的天性。記得有一次，老師在講臺上講解著一位數加法法則，臺下的同學們都聽得非常認真。此時，愛迪生忽然舉起手來問道：「2加2為什麼等於4？」老師頓時愣了幾秒鐘，之後依舊繼續上課。

對於這樣的問題，或許老師們都已經見怪不怪了，因為愛迪生已經問了太多讓老師們難以回答的問題了，比如「太陽為什麼只在白天出來？」「老師，月亮為什麼會亮呢？」這些問題經常讓老師們無言以對，所以愛迪生也經常會招致老師們的反感，甚至還因此將愛迪生列入程度差的學生的行列，說他的腦袋有問題。

其實，愛迪生的父親也會常常被兒子問得啞口無言，無奈之下就會拍拍他的小腦袋瓜，說：「去問你媽。」因為，母親對愛迪生的所有提問從來都不會感到不耐煩，並反覆為他解答疑問。在愛迪生很小的時候，當他看到家裡的母雞屁股下面有雞蛋時，便像發現了驚天祕密似的，跑到母親身邊說：「媽媽，母雞為什麼要坐在雞蛋上面？」母親放下手中的工作，笑著說：「那是雞媽媽在孵雞寶寶呢！她要將那些雞蛋捂熱，然後小雞就會從裡面爬出來了，看看我們家院子裡的那些小雞，都是被雞媽媽用這樣的方式孵出來的呀！」

愛迪生聽了很興奮，覺得這太神奇了，想了想之後再問道：「那麼，只要將雞蛋放在屁股下面捂熱了，就可以孵出小雞，對嗎？」「是啊，就是這樣的。」聽完母親的回答，小愛迪生不再提問了，他沉思了很久。母親也就轉身去做別的事情了。

但是到吃飯的時候，母親卻找不到愛迪生了，屋裡屋外都找了個遍，一著急就大喊愛迪生的名字。此時，從倉庫中傳來了愛迪生的回應。母親前去一看，發現愛迪生在那裡做了一個「窩」，裡面放了好多雞蛋，而愛迪生正蹲在上面。母親問：「你這是在做什麼？」愛迪生一本正經地說：「我在孵小雞呀！」母親禁不住笑出了聲。

當愛迪生將自己在學校所受的委屈講給媽媽聽後，愛迪生的母親決定去學校找老師說清楚。但沒想到老師們還當著她的面數落愛迪生笨，還說學校教不好他這樣的學生。

母親覺得兒子受到了侮辱，她說：「他喜歡問問題是因為他善於思考，有好奇心，求知的欲望強烈，但你們絕對不能說他有智力問題。因為在我看來，他比其他孩子要聰明很多。既然你覺得我的孩子笨，那我就帶他回家，由我自己來教！」

這之後，母親就成了愛迪生的專職家庭教師，不管兒子提出多麼稀奇古怪的問題，她都能夠耐心解答並鼓勵他；當發現小愛迪生對物理和化學特別感興趣後，她還買回了《派克科學讀本》，並讓丈夫將家中的小閣樓重新進行了改造，做成了愛迪生的小實驗室。

或許就是這位偉大的母親給了兒子充分發揮的空間，在愛迪生16歲時，他便做出了很多偉大的發明。愛迪生的一生不僅在留聲機、電燈、電話、電報、電影等領域為人類做出了卓越貢獻，還在礦業、建築業、化工業等領域有所建樹。

哈佛大學校長陸登庭曾經說過：「假如沒有好奇心與純粹的求知欲作為動力，就不會出現那些對人類與社會都有巨大價值的發明創造。」全世界的人都有可能懷疑一個孩子，但唯獨他／她的父母不能。相信孩子的才能，尊重孩子與生俱來的天性，這是為人父母對孩子最起碼的愛。在日常生活中，當你的孩子向你提出問題時，應該盡量給予比較科學、正確的回答，並且還要不失時機地對其表示肯定與表揚，鼓勵孩子繼續保持好問、動腦筋的習慣，尊重孩子愛問的天性，維護孩子與生俱來的好奇心。

第二章

賞識教育——讓孩子在愛中成長

什麼是賞識教育?它並不僅僅是對孩子的表揚和鼓勵,還是對孩子行為結果的一種肯定,並以此來強化孩子的言行;也是對孩子言行過程的一種賞識,以此來激發孩子的興趣與動機;更是為孩子營造環境,以指明其發展方向;及時提醒,以增強孩子的心理體驗,糾正其不良行為。那麼,賞識教育會為孩子帶來什麼?母親是如何在賞識教育中扮演重要角色的?你會對自己的孩子表達賞識嗎?家長在讚賞孩子的時候需要注意哪些問題?

第一節 賞識教育開啟愛之旅

小雪自小學習就不是頂尖的那種，但在生活方面卻是一個非常積極樂觀的小女生。她的母親林女士也沒有強求孩子，即使女兒沒有獲得「品學兼優」，她依舊會說：「我知道妳是最棒的，在很多方面都比那些被評為『品學兼優』的學生強。」此外，她還經常教女兒遇事要首先從自身找原因，時不時地鼓勵小雪，並且無條件地支持女兒幾乎所有的決定，因為她總是認為，既然女兒這樣做，就一定有她自己的原因。

記得有一回，小雪報名參加了數學競賽，但練習一個月之後，她就覺得做題目實在是太乏味了，索性放棄了比賽，如果換做其他的母親，小雪的放棄勢必會招致母親的一頓數落或斥責，但該決定卻得到了林女士的支持。這位母親沒有想到，或許就是這樣的一種教育方式，讓這個從小就沒有拿過「品學兼優」的女孩在18歲那年成為被劍橋大學錄取的學生。

我們知道，劍橋大學錄取學生一般都要經過筆試、面試、雅思、理科四項成績考核，而小雪由於在筆試和面試中表現優異，所以，後面的兩個科目就免了。

說起小雪，老師們都讚不絕口，他們都說這孩子勤奮好學，有時候她會就一個問題去問很多老師，以便吸取不同的思維方式。

事實上，除了英國劍橋大學之外，小雪還同時被倫敦帝國學院等四所名校錄取，但經過考慮，小雪還是選擇了劍橋大學自然科學系，並且連續修習學士碩士學位。

母親的賞識使小雪從小就自信滿滿，她不用因為得不到「品學兼優」而感到自卑，也不必因為某些選擇和決定得不到父母的支持而苦惱。在母親特殊的教育方式下，小雪充分發揮了她的聰明才智。

賞識就是熱愛生命，善待生命，家長給予孩子的賞識是孩子成長過程中的陽光、空氣和水分，是雙方平等溝通和交往的橋梁，使孩子感受到自己在父母眼中是個好孩子。當賞識和教育結合在一起時，儼然就成了父母和老師走進孩子心靈、走出教育失誤的一種途徑，實現家庭和諧、兩代人成為朋友並共同成長的一種教育方式。在這個過程中，承認差異、允許失敗，充分開發孩子的潛能。

◇一、關於賞識教育

美國心理學家維普．詹姆斯說過：「人性最深刻的原則就是希望別人對自己加以賞識。所以，賞識在某種意義上也是一種激勵。一個沒有接受過激勵的人只能在現實中發揮其能力的20%～30%，而一旦受到激勵，其能力就會迸發到之前的3至4倍。」因而，在學習的過程中，激勵至關重要。

譬如，在孩子學習和成長的過程中，父母或許總是會舉著一把尺來要求他們，如果試卷是100分的滿分制，那家長一般都會要求孩子考到100分，否則就是失敗的。這樣，很多孩子都長期活在失敗的陰影中，並時時品嘗失敗的痛苦。比如，當你的孩子拿到95分時，你會說：「很棒！還有5分就到100分了！」還是會說：「怎麼還差5分？你都是怎麼學的？」前者既給予孩子充分的肯定，同時也寄予了希望，能夠成功地鼓勵孩子；但後者就直接否定了孩子的一切成績，打擊了孩子的自信心。所以說，要想讓孩子有更好的表現，就一定要堅持表揚和鼓勵的原則。

實際上，賞識教育是一種神奇卻又再普通不過的教育方式，幾乎所有的家長都具備這種能力，但卻未曾發現和啟用，在一代又一代的教育中將其遺忘了。賞識教育認為，所有人的成長都是由「學習」開始的，比如學習說話、學習走路等，而一切的教育又都是從教孩子「學習說話和走路」開始。這裡面就包含了許許多多關於教育的祕密。

尊重、信任、理解、包容、激勵、提醒，這是賞識教育的基本原則和方法。而從賞識教育的來源方面分析，這其實是對生命的一種體驗；站在教育的角度看，則是思想的一種傳承；從教育者的立場上看，是心態的回歸；而站在受教育者的位置上看，是心靈的一種解放。賞識教育是教育觀念的更新換代，也是語言表達傳統的一種突破。

賞識教育是和諧、平等的教育。賞識首先應該建立在親子關係和諧的基礎上，如果父母總是用一種高高在上的姿態來進行說教，處處是權威，時刻盛氣凌人，用命令的口吻說：「我怎麼說的，你就必須要這麼做！」強行把自己的意願加在孩子身上，不僅難以建立和諧的親子關係，更不可能讓孩子聽話。因此，和諧、平等應該建立在寬容、溝通、理解、尊重的基礎上。

1. 賞識教育是愛的延伸。賞識你的孩子其實也是愛你的孩子，關懷、鼓勵、支持、認可，而不是責罵、貶低，家長應該為孩子營造一個健康的成長環境，讓孩子在溫馨和愛中長大。

2. 賞識教育也是將優點放大，把缺點縮小的教育方式。正所謂「人無完人，金無足赤」，成年人還會犯錯，更何況是孩子，家長在教育孩子的過程中一定要看到他們的優點，並盡可能地將其放大，用最合理的方式表達出來；發現孩子有缺點，做錯了事，也沒有必要大驚小怪，甚至責罵或動手，嘗試用寬容的心態去看待這些缺點，家長們會很快發現，那些缺點完全能夠被優點的光芒掩蓋。所以，家長要時常誇讚他們，表揚他們，多去發現孩子的亮點，久而久之，他們也會變得越來越好。

3. 賞識教育關注追求和自信的統一。賞識教育的根本目的是要培養孩子的自信心，家長要引導孩子形成強烈的追求目標的意識，只有勇於追求目標的人才會產生努力的動力。家長應該根據孩子不同年齡階段的需求為其設定一些經過努力完全可以實現的目標，而這種設定方式往往需要透過表揚的形式傳遞出來，既鼓勵了孩子，也表達了身為家長的某種期望，使孩子始終保持著積極樂觀的健康心態。

4. 賞識教育也要配合適度的批評。賞識並不是一味誇讚，對孩子的缺點視而不見，而是要在出現問題時及時批評糾正，但批評的方式要慎重，方法需得當，既不可以點代面，也不能小題大做，最好幫助孩子一起去克服困難，衝破阻礙，必要的時候還可以曉之以理動之以情，假如只是粗暴地加以干涉，只會適得其反。

◇二、賞識教育讓孩子在愛中成長

愛究竟是什麼？也許很多人都無法回答這個問題，也或許不少人都有自己獨特的見解。而《聖經》上是這樣說的：「愛是恆久的忍耐，又有恩慈；愛是不嫉妒，愛是不自誇，不張狂……愛是凡事包容，凡事相信，凡事忍耐；愛是永不止息。」這其中當然也包括了父母對孩子的愛。可以說，賞識教育其實就是愛的教育，這裡的愛是源於對脆弱生命和孤寂心靈的愛，不以任何功利為目的，不是為了要孩子成為名家，更不是要讓孩子去完成自己未完成的夢想，而是為了孩子能夠健康、快樂、自信地成長。

心理學家認為，父母在對孩子進行賞識教育時，愛應該包括三個不同的層面：

第一層面是愛得安心。當你豎起大拇指稱讚你的孩子時，也就意味著愛。所謂「教育之道，即安心之道」，給予孩子你全部的愛、無條件的愛、符合大自然一切規律的愛，接受孩子所有的好與不好。

第二層面是愛得順暢。有人說，當你不能接受你身邊的人時，其實是你還不能接受你自己。愛也一樣，只有當你深愛著自己、深愛著妻子時，才能好好地愛你的孩子。換句話說，愛就像一條河流，上游是愛自己，達到自身和諧；中游是愛另一半，達到婚姻和諧；下游才是愛孩子，達到親子和諧。

第三層面是愛得寬容。自身、婚姻、親子關係的和諧意味著一個人生活狀態的圓滿。愛其實是一個系統，當你愛著你的孩子的時候，也應該同時愛他／她的一切，並且接受周圍的每一個人，寬容地接納一切。當你的愛變得寬容的時候，就會願意站在孩子的角度上去看問題了，也就會願意去理解孩子在成長過程中所有不符合你預期的言行。

第二節 母親，賞識教育中的重要角色

◇一、母親的欣賞讓他走進清華

對於孩子，家長究竟應該如何去教育？怎麼樣才能讓孩子在失敗的時候既不會喪失信心，還會鼓起再次努力的勇氣？下面是一則曾經感動了無數父母親的故事，也是賞識教育的一個成功典範。

她第一次去參加家長會的時候，幼稚園的老師就告訴她：「妳的兒子有過動症，在椅子上坐不到三分鐘，建議妳帶他去醫院看一下。」語氣和眼神中充滿了不屑，她知道，老師一定已經對她的兒子產生了偏見。在回家的路上，兒子仰起小臉問她：「媽媽，老師是不是告我的狀了？」她一愣，這才意識到自己的情緒已經被兒子察覺，於是她說：「不，老師是表揚了你，他說你以前在椅子上坐不了一分鐘，現在都可以坐三分鐘了。其他家長都羨慕呢，全班只有你進步了。」

兒子聽了很開心，當天晚上一連吃了兩碗飯，這是他有史以來吃得最多的一頓飯，而且還沒有讓母親餵。

讀小學時，在一次家長會上，老師說：「我們班有50名學生，但這次數學考試，你兒子排在倒數十名的名單裡。我們懷疑他的智力有問題，建議妳帶他去醫院做一次檢查。」她聽後很傷心，路上不停地掉眼淚，但是回到家後，她卻微笑著對兒子說：「老師說他對你充滿了信心，還說你並不笨，只要再努力一些，再細心一點，下回考試就會超過你的同桌同學了，這次你同學排在第21名。」她注意到兒子的眼神中頓時充滿了光彩，沮喪的神情也一下子變得輕鬆很多，他開始很自覺地做作業，會很溫順地和母親說話。

在她兒子讀國中的時候，家長會總是不定期地舉行。有一次，她還是一如既往地坐在兒子的座位上，等老師念她兒子的名字，因為按照慣例，老師會逐一點成績落後學生的名字。但這次，她直到家長會結束時都沒有聽到兒子的名字，這令她十分驚喜，但還是很想知道兒子的表現。後來，她主動去找兒子的班導師，老師告訴她，按照他現在的成績，考上前幾志願的高中是有些危險的。

這個答案對她來說意味著希望。出來後發現兒子正在校園門外等著她，一路上，她一直扶著兒子的肩膀，對兒子說：「兒子啊，導師對你的表現很滿意，還說只要你再努力一些，就很有希望考上前幾志願的高中。」

上高中了，她依舊不失時機地表揚和肯定兒子，那些在老師們和同學們眼中被否定的東西，在她的眼裡和嘴裡都是肯定，就好像面對著半杯水，其他人都嘆息：「哎，就剩下半杯水了！」而她總是會說：「還有半杯水呢！」在她充滿肯定和希望的鼓勵中，兒子一天天進步。終於，在他高中畢業的時候，錄取通知書寄發，學校打電話來要兒子去學校一趟；她坐在家裡，心裡有一種預感——她的兒子一定是被清華錄取了，因為在填寫志願的時候，她就說過相信兒子一定有這個能力。

回來時，兒子的手中果然緊緊握著清華大學的錄取通知書，當他把這來之不易的一張紙遞給母親時，眼淚也順著臉頰流了下來，然後轉身衝進房間哭了起來，「媽媽，我不聰明，我一直都知道，可是在這個世界上只有您一直在欣賞著我……」

父母的肯定和鼓勵就是這麼神奇，孩子可以被他周圍的人瞧不起，甚至可以被老師認為有智力問題，但只要在父母的眼裡他是聰明的、有能力的、有進步的，那麼，孩子就感受得到並知道如何去努力。一句話已足以改變孩子的一生，如果故事中的這位母親將老師的話如實轉達給孩子，如果她也像老師一樣指責他，罵他笨，那他就會越來越笨，越來越煩躁，越來越墮落，更別提考上清華了。

◇二、後母的一句話扭轉了他的一生

戴爾．卡內基（Dale Carnegie）是美國現代成人教育之父，也是20世紀最偉大的心靈導師與成功學大師。小時候，他曾經被稱為「壞小孩」，就連他的父親都時常這樣稱呼他。9歲那年，父親娶了一位富家千金，卡內基有了後母。要知道，後母一般都是狠角色，卡內基和父親當時是鄉下的貧苦人家，而這位過慣了富裕生活的女人即將成為卡內基的後母，誰知道她將如何對待這個既淘氣又壞的小男孩呢？

然而，事情總是會朝著人們預想不到的方向發展。那天，父親將他拉到後母的面前，還說：「親愛的妳看，這就是讓我無可奈何的全郡最壞的男孩，妳要注意，說不定明天早上他就會拿著石頭來扔妳，或者做其他令妳意想不到的事情。」但沒想到，後母竟十分慈愛地對著他笑，走到卡內基的面前，托起他的腦袋很仔細地看著他，然後轉身對她的丈夫說：「不，他可不是全郡最壞的男孩，而是全郡最機靈和最具有創造力的男孩，只是還沒有找到發洩熱情的地方。」

卡內基的心裡暖暖的，眼淚開始在眼眶中打轉，這些話對他來說是那麼難得，以前從來沒有一個人這樣說過。這也使得卡內基對這位後母的偏見瞬間消失，與她建立了深厚感情。

14歲那年，後母送給他一部二手的打字機，說：「我相信你一定會成為一名作家。」後母曾經用一句話激勵了他，而現在的這句話也同樣深深地觸動了他的心靈，自從她走進了卡內基父子的世界中，就用她的熱忱和善良改變了這個家庭，更改變了卡內基。此後，卡內基開始向當地報紙投稿。他所有的熱情、想像力和創造力都在迸發，智慧的光芒也隨之慢慢散發出來。

不得不承認，是後母的鼓勵改變了卡內基的一生。受到鼓勵的孩子永遠都不會變壞，只會越來越好，因為鼓勵幫助孩子建立了自尊和自信，擁有了實現自我價值的動力。

◇三、母親給的賞識是世界上最神奇的良藥

有一位哲人曾經說過，孩子是母親的影子，母親是社會的縮影。可見，母親在社會、家庭以及孩子的成長過程中都有著不可取代的重要作用。一位母親在一個家庭的教育中究竟扮演著什麼角色，這將影響孩子的一生。

美國著名畫家班傑明．維斯特（**Benjamin West**）的成功就源於母親的正確教育。維斯特小的時候就經常待在家中帶妹妹，有一次，他拿起母親的畫筆蘸上顏料，開始在地上、牆上到處塗鴉，母親回來發現屋裡到處都是色彩各異的顏料，很震驚，但她沒有責備維斯特，而是非常欣賞這樣的「作品」，並誇讚不已。也就是這次經歷，讓維斯特開始迷上了畫畫。後來，維斯特果真成為了著名畫家。

相信這麼多的案例已經足以令你相信，一個母親對孩子的賞識抵得過全世界的鮮花

第二節
母親，賞識教育中的重要角色

和掌聲。在賞識教育中，誇讚和信任一樣重要，如今的孩子，他們缺少的已經不僅是一名稱職的老師了，還有懂得欣賞他們的觀眾。母親養育孩子是自己的本分，培養和教育孩子是責任和義務，賞識和鼓勵孩子也是對自己的肯定，更是對孩子天分的認可，對整個家庭，乃至整個社會來說都是義不容辭的責任。

薇薇是一位6歲孩子的母親，有著一頭烏黑的長髮，還有一張時刻都保持著微笑的面龐。曾幾何時，她每天愁眉不展，不開心，對自己不滿意，這種情緒牽連到她對兒子和對丈夫的態度，只要孩子稍微有點胡鬧或者犯點小錯，她就會怒不可遏。在她兒子兩歲的時候，她將孩子放在澡盆裡準備幫他洗澡，但孩子就是不肯安靜下來，薇薇很煩躁，把兒子的小屁股打得通紅。類似的事情很多，兒子也因此不敢與她親近；丈夫經常出差在外，回來時也要碰釘子，薇薇只要有不順心就和他大吵。這樣的生活讓薇薇感到窒息，經常後悔但又不能控制自己。

好在薇薇已意識到了問題的嚴重性，後來她翻閱了很多心理學方面的書籍，還參加了許多不同類型的講座，最後終於發現，她現在對自己的不滿其實源於早年受到的家庭教育。薇薇很小的時候，母親對她就十分嚴厲，從來不苟言笑，對她的要求也特別嚴格，當她不想去排練舞蹈或者不願去琴房練鋼琴時，母親就責罵她，從小到大，薇薇聽到最多的就是母親的責罵聲，它們貫穿在薇薇的整個童年時期。

長大後的薇薇畢業於一所名校，後來在公家機關上班，丈夫是生意人，對她也很體貼，生活寬裕，日子富足，可是薇薇還是經常感到莫名的不滿，有時候還會產生強烈的焦慮感。有了孩子之後，薇薇更是變得嚴厲無比，不容許兒子有半點差錯。

心理醫生告訴她，要學著放下，從心底原諒自己的母親，趕走不滿的情緒，否則，她與兒子的關係會越來越糟，整個家庭教育也會出現問題。當然，最後的結果是，薇薇與父母進行了一次深刻的談話，當她的母親意識到自己當初對薇薇的嚴格教育造成了今天的後果時，她一遍又一遍地向女兒道歉，母女倆哭著抱成一團。

也就是那天，薇薇才了解到，母親是因為有個不幸的童年，所以才會在多年之後將心中的憤懣發洩在她的身上，母親以為那是愛，卻不知那只是一種錯誤的發洩方式。從這天起，薇薇才真正地從心底原諒母親並放下了長久以來對自己的不滿。

接下來的兩年時間，薇薇一直在參加活動，她希望將自己的經歷告訴更多已經身為人母或即將做母親的女人，不要將自己內心的負面情感轉移給孩子，更不要以愛的名義去傷害無辜的人。大多數父母在打罵孩子時，其實都是因為自己內心的怒火，並非是因為孩子犯了多麼不可彌補的大錯，想想自己為何而生氣？也許孩子只是一根導火線，但他卻成了你發洩的對象，這公平嗎？所以，多去欣賞和誇讚你的孩子吧！不要責罵和貶低他們。

現在的薇薇對家人、對孩子都充滿了寬容，尤其是對兒子，她已經有了深深的理解和接納，當兒子的考試成績低於全班平均分數時，她也不會苛責他；比起兒子將來考上一所名校，她更注重孩子的人格是否健全？是否開心、快樂？當兒子犯錯時，她會耐心地和他講道理；當兒子懶散、不想做作業時，她會幫他將作業設計成遊戲，引導兒子在枯燥的作業中發現樂趣。

當然，孩子也在她的影響下越來越懂得體諒人和安慰人，記得感恩節那天，班上40個同學，只有她的兒子在沒有人提醒的情況下悄悄送了份禮物給老師；更讓薇薇感到欣慰的是，兒子不再疏遠自己，甚至還有些黏著她，她的話也變得有分量，兒子愛聽了。

心理學上有一個名詞叫「強迫性重複」，在人際關係中，它可以被理解為個體在小時候接受和養成的關係模式在不知不覺中進行不斷的複製，有時候是相同模式的複製，有時候是完全相反模式的複製。薇薇的母親是因為自己童年的不幸經歷而對薇薇要求嚴厲，而薇薇為人母之後對自己的不滿和對兒子的苛刻，也是因為童年時期母親嚴格的教育方式。所幸的是薇薇及時意識到了這一點，並積極尋求幫助，最終徹底改變了自己，也改變了她對孩子的教育模式。

家庭是一個系統，母親在整個家庭教育中處於核心的位置，她的一言一行都在影響著整個系統的運作。如果妳也是一位母親，當妳將要對孩子發火時，要想清楚，妳是不是心中有其他的困擾?妳的怒火到底是源自哪裡……能否換一種形式，用欣賞的眼光和肯定的態度去看待妳的孩子，不要讓妳的憤怒淹沒了孩子閃亮的眼神，更不要讓妳的苛刻造成孩子一生的問題。

第三節

表達你對孩子的賞識

◇一、你的賞識對孩子意味著什麼

兩個八歲的小男孩小威和小奇，他們在同一個班級裡讀書，生活在不同的家庭中。

小威每天早上起床都能聽到母親的叫喚聲：「小威，快點，上學要遲到了！」八歲的小威總是特別喜歡綠色和粉色的裝扮，這天早上，他開啟衣櫃又翻出了那件粉色的T恤衫和綠色的小短褲，光著腳去刷牙了。沒多久，就又聽到母親在客廳裡大喊：「我從七點一直喊你到現在，看看都幾點了，你難道又想遲到嗎？」小威不吭聲，默默地走到飯桌前，準備拿起油條來吃，忽然又聽到他父親在說話：「你怎麼又用粉色搭配綠色了！這件粉色T恤是用來搭配那件黑色褲子的，這樣搭看起來真是太奇怪了！不行，吃完早飯就去換掉。」「……對了，牛奶要喝完……還有，不能光著腳去上學，趕緊穿上鞋子……」母親又補充道。小威只好默默地點頭，很快就吃完了油條，剩下半杯牛奶，然後轉身去屋裡換衣服去了。

臨走時，母親囑咐他：「午飯要多吃點，學校的飯菜如果你不喜歡吃，就告訴我，下回幫你做好吃的自己帶，知道嗎？還有，要聽老師的話，好好學習。」她領著小威走到馬路對面就折回來了，回到家看到剩下的半杯牛奶，「這孩子，我真是拿他沒辦法」。

小奇住在小威家鄰近的那個社區內，母親也是每天七點鐘喊他起床，但方式卻和小威的母親完全不同：「小奇，七點了！你是現在就起床還是五分鐘之後呢？」「五分鐘之後。」小奇帶著睡意，打了個哈欠，然後又接著睡了。大約五分鐘過後，小奇起床並自己挑選了今天要穿的衣服，習慣性地光著腳丫子去盥洗了。

不久，小奇來到飯桌前準備吃早餐，父親已經坐在對面了，他發現小奇今天穿的是天藍色的T恤衫和綠色的小短褲，不禁皺了皺眉，說：「我們家小奇很喜歡藍色和綠色吧，但有時候這兩種顏色分開搭配會帶給你不一樣的感受，下回可以嘗試一下，你說呢？」小奇想了想，說：「爸爸，那我把T恤換成米黃色，這個顏色看起來很舒服。」然後扭頭看著母親，母親朝他微笑著點了點頭。接著他們聊了一會兒天，小奇告訴他們，學校的午餐太單調了，很多小朋友都自己帶飯，大家還在一起分著吃，同學們都誇他的飯菜最好吃。媽媽聽了很高興，「喏，今天的會更好吃，我還特意多做了一點呢」。小奇進房間換衣服，母親早已把午餐準備好了。七點四十分，小奇和爸爸媽媽說了聲再見，然後就自己出門了。

接下來，再看看小威和小奇在班級裡的表現吧！小奇在課堂上很活躍，反應敏捷，老師提問題，他總是積極舉手回答；而小威就非常安靜了，他在上課的時候表情很嚴肅，但又常常走神，老師提問題，他也想回答，卻又不敢舉手，除非老師點到了他的名字。

有一回，導師通知大家，學校要舉辦一次野餐活動，自願參加，參加者要各自準備食物，每個班級要選派兩名志工，負責設計班級的代表性布條，還需要一個人負責統籌活動和統計參加聚餐的同學名單。小奇第一個舉手要求做志工，並和另外一個同學共同設計了創意非常棒的布條；小威沒有舉手，但很渴望參加這次的聚餐，於是，在同桌小東的鼓勵下，他決定和小東合作，負責統計聚餐的同學名單。老師發現，小威做事非常認真，也很有自己的主見，可是就是不大善於與人交流。

心理學家納撒尼爾．布蘭登（Nathaniel Branden）在《自尊心理學》中指出，一個人對自己的評價會直接影響他的核心價值觀、心態的積極與否，甚至還會影響他的思維方式、情緒、期望、人生目標以及行為等。故事中的小威和小奇就是非常典型的例子，小威的父母總是用否定和質疑的口吻對他說話，在這種教育模式中，小威漸漸養成了沉默的性格，不善於表現自己，生怕遭到否定；而小奇就不同，他的父母會經常徵求他的意見，會用肯定和建議的口吻跟他說話，這使小奇更為自信，更有存在感與自豪感。

教育專家已經證實，在家中獲得父母賞識的孩子，要比那些得不到賞識的孩子自我感覺更好，他們會更加樂於接受挑戰，更願意為自己設定更高的目標。換句話說，自尊對於一個孩子是非常重要的，家長需要在日常生活中理解他們的感受，給孩子自己做選擇和表現自己的機會，用肯定與讚賞的口吻代替否定和質疑的語氣，幫助培養孩子的自尊和自信。

◇二、表達賞識要充分考慮孩子的接受力

湯女士最近很煩惱，原本以為採用賞識教育會產生很好的效果，但事實上，她的孩子卻並不買帳。比如有一次，當她十二歲的女兒琳琳拿著一幅剛畫好的畫給她看時，湯女士的第一感覺就是很不錯，於是她就說：「很棒！瞧我女兒畫的風景畫多好看啊！」但女兒卻瞟了她一眼，說：「妳根本就不覺得好看。」然後就走開了。湯女士一下子就愣住了，自己明明在表揚她，可是為什麼女兒就不領情呢？

平時，湯女士也會換方式表揚琳琳，希望女兒能夠在她的表揚中感受到母愛。還有一次，琳琳將自己的房間收拾得很整潔，還故意向湯女士「炫耀」自己的勞動成果，湯女士很感慨也很高興，於是她這樣說：「琳琳真懂事，房間收拾得很乾淨。」沒想到琳琳把小嘴一撇，說：「媽媽，妳真的很虛偽！」其實，琳琳並沒有將房間打掃得多乾淨，而是將被子疊了起來，書本都被整齊地堆放在一角，鞋子被塞進了床底下，因此看起來就顯得非常整潔。

湯女士覺得，好像賞識教育在她這裡並不管用，「真不知道該怎麼去討好我的女兒了！」

賞識教育一反中國傳統教育觀念，用表揚代替批評，用肯定代替否定，即採用鼓勵與賞識作為教育的主要策略，有助於培養孩子的自信心和自尊心。但湯女士的賞識教育卻出現了問題，主要還是因為她的誇讚太過片面化，沒有考慮孩子的接受能力。

心理學家認為，不切實際的誇讚對孩子來說危害性很大：一是降低對父母的信任度。父母口中的「真懂事！」「真棒！」就變得不值錢了；二是降低孩子的自我價值感。當他們意識到自己並沒有父母所說的那樣好時，就會懷疑別人的評價，認為大家都在說假話，久而久之就變得自卑起來；三是讓孩子變得自負和自大。當孩子將家長的誇讚當成自己的指標時，就會更願意相信那些比較容易接受、比較有利於自己的評價，而下意識地去封鎖一些負面資訊，進而變得自負；四是削弱孩子自己完成任務的積極性。他們會認為家長給予的期望遠遠超出了自己的能力，為孩子帶來心理壓力。

因此，表揚也是一門學問。賞識是父母對孩子發自內心的欣賞與認可，不但可以透過語言表達出來，還可以在不經意間借助表情、肢體動作透露出來。

首先，表揚應該適度和謹慎。隨意的表揚在本質上與吝嗇表揚一樣具有危害性。心理學家認為，孩子在成長的過程中，他們對人生、社會、周圍的人等都已經形成了自己相對獨立的看法了，具備了一定的辨別是非的能力，同時也迫切希望得到肯定。

但他們的洞察力又是非常敏銳的，哪些讚賞和肯定是發自內心、中肯的，哪些讚美之詞只是浮於表面，他們幾乎一聽就知道；而且，十幾歲的孩子已經有能力從父母說話時的表情、語氣、措辭、姿態中分辨真心或敷衍，甚至是欺騙。如果孩子認為父母的那些讚美之詞都是敷衍和欺騙時，他們內心所產生的憤怒要遠遠大於批評或不信任。因此，表揚需謹慎，不假思索、脫口而出的表揚對孩子的傷害很大。

其次，表揚不是「哄」。對孩子的誇讚不能一成不變，比如在孩子讀幼稚園時，你表揚他「可愛」、「乖巧」、「聽話」等，並俯下身子撫摸孩子的腦袋瓜，幾乎是「哄」著他們，而孩子也會很開心地接受；但當他們上了國中之後，你再用這些詞語和這樣的語氣、姿勢來表揚他們，孩子就很難再接受了，甚至因此而與家長嘔氣。

心理學家認為，對於年齡稍大一點的孩子，表揚最好是使用一些具體的詞語來描繪，涉及到細節，並盡量避免那些聽起來籠統又含混的表述方式。這樣會使孩子覺得自己已經長大成人，不再是那個被「哄」著的小孩了。

最後，要找到表揚的理由。家長對孩子表示肯定和讚美要具備緣由，否則會給孩子

「戴高帽」的感覺，而且這種氾濫式的表揚很容易讓孩子覺得「虛偽」，認為自己「上當受騙」了。譬如，有些家長可能在平時對孩子要求很嚴格，很吝嗇表揚，即使孩子在學習上取得了好成績，也難得父母的一句誇讚。

但他後來發現，只有在他幫父母做一些家務，或者是幫他們搬運東西時，父母才會笑著說他「能幹」、「懂事」、「有耐力」等。久而久之，在這個孩子的印象中，只要父母開始微笑著表揚他時，他就會出現一種條件反射，明白父母一定又是希望他幫自己什麼忙了。這種有求於孩子的讚賞不是真正的、發自肺腑的，不具備正當理由，家長一定要杜絕。

表揚的真正理由應該是一種正確的導向，也就是要求家長透過表揚來告訴或引導孩子朝某個方向發展，同時也指出什麼才是父母認為正確的，孩子自己做得很好並且應該繼續發揚下去的，進而造成正面強化的作用，以便在孩子的心中進一步形成更為明確的指向。

那麼，家長要如何找到讚揚孩子的正當理由呢？如果你發現實在很難找到表揚孩子的理由的話，那就說明你的孩子表現欠佳。然而，教育專家指出，孩子表現欠佳其實也是家長的責任，因為這些家長通常都是站在自己的角度上看問題的，極少會考慮孩子的心理感受。因此，一旦這些家長轉換了角度，就會很快發現孩子值得表揚的理由。

譬如，你的孩子考試拿了60分，你的反應是什麼?如果你以一個家長的身分看待這個60分，一定認為孩子沒有努力學習，於是脫口而出的就是批評；但如果你以一個孩子的眼光看待這個60分，便會覺得60分就意味著及格了，及格就是合格!於是你會說：「考及格了就好，總比不及格好。不過，求知的最大樂趣並不在分數，它並不能說明你的知識和能力。」

第四節 避開賞識失誤

現代社會中，賞識教育對於大多數父母來說已經不再陌生，並且越來越多的父母都已意識到賞識教育的必要性和重要性。但也有不少父母在賞識教育中陷入困惑，孩子在這種賞識教育中沒有能夠朝著他們預期的方向發展。究其原因，其實還是對賞識教育的方式和應該注意的問題不夠了解，甚至一再陷入賞識教育的失誤。因此，教育專家將家長們在賞識教育中容易出現的失誤和應該注意的問題做了以下幾點總結：

第一，避免不切實際的誇讚，多使用描述性的讚賞。家長應該避免使用「太棒了！」「多好哇！」「真好！」之類太過籠統的誇讚之詞，並用具體的描述來表達內心的感受。比如描述你所看到的細節，或者直接說出你內心的某種感受，還可以將你認為值得讚賞的行為總結為一個詞表述出來。比如，當孩子按時回家時，你可以說：「嗯，說好是五點半回家，現在剛好是五點半，這說明你很守時。」當孩子持續用功了兩個小時，可以這樣讚賞：「你已經連續用功兩個小時了，這叫做努力。」

第二，分清讚賞帶來的效果是否真的積極。如果你不希望孩子經常爬樹，就不要說：「真厲害，你可以爬那麼高了！」這樣只會鼓勵孩子再去重複這類行為，甚至會爬得更高。所以，家長在誇讚孩子之前要分清目的和效果。譬如，你誇讚你的孩子表現出眾，「比其他任何人都要強」，孩子就很容易養成攀比的心理，對其他的同學指指點點，甚至一旦發現有誰比自己做得好，他／她便會心生妒忌。

像這類表示賞識的讚美之詞其實是與賞識教育的初衷背道而馳的，導致孩子產生錯誤的認知，以為只有自己表現得比別人都好時，才會得到家長的關注和讚美，無形之中養成了強烈的比較意識，將自我評價建立在與他人的比較之上。孩子一旦形成這樣的心理，便很難再感受到來自父母的真愛，在人際關係中也將處於劣勢地位。

建議家長在表揚自己的孩子時，也要引導他們發現其他同學的優點。可見，讚美是一把雙刃劍，家長需要有選擇地使用，也要講究使用的方法。

第三，賞識並非意味著不能批評。小美學習成績好，是班長，有一回她在課堂上管理秩序時用文具盒敲了同桌小娜的腦袋。結果小娜晚上回家向父母告了狀，而且頭上長出了一個大大的紅包。小娜的父母找上門來理論，小美灰溜溜地躲在自己的房間裡不敢出來。等小娜的家人走後，小美的母親抱怨：「哼，什麼東西，跑到我家來數落我的孩子！」然後走到小美的面前，撫摸她的腦袋，說：「我家小美最棒了，學習成績好，最聰明了。」小美一聽母親不僅沒有責怪自己，還讚賞了她，一下子就有了底氣，「嗯，我學習成績比她好，她那是妒忌我才告狀，有什麼了不起的！她就是比不上我。」

小美的母親一直都堅持賞識教育，女兒學習成績好，又聽話，在她眼中小美不管做什麼都是對的，即使錯了，她也不會說一些責備的話。但是，在這種賞識教育環境中成長的小美漸漸變得標新立異、自尊心過強，在她的頭上一直籠罩著一圈光環，不管別人說什麼，她都有一種優越感，妒忌心強，最後在學校經常遭到同學的聯合排擠。

所以說，賞識教育應該建立在客觀規律的基礎上，對的就是對的，該讚賞就讚賞，但錯了就是錯了，該批評還是要批評。家長不能因為推崇賞識教育，以孩子學習成績好為由而以偏概全，這樣只會害了他們——在父母的「特殊」讚賞中，孩子與眾不同的意識得以強化，進而刻意表現出一些出格的「獨特」與「不同」。這既有損於他人利益，也會造成自己與社會的格格不入。

總之，賞識的核心是對孩子的信任和愛，當然其中也包含了教育孩子學會坦然面對錯誤、勇敢承擔責任，對於某些錯誤言行要及時而嚴肅地指出來，同時也不忘加以提醒，表明你相信他們會知錯就改並且是個勇於承擔責任的孩子。

下面是一些家長在賞識教育中總結出來的經驗：

1.說「太棒了！」已經成為習慣，家長往往會脫口而出怎麼辦？

其實，說出來了也沒關係，孩子同樣會從這樣的語氣中聽出你的熱情，但請記得在這句話之後給出描述性的讚賞。

2.「我早就知道你做得到！」比不上一句「這是你努力之後的成果！」

當你的孩子在書法比賽中取得了好成績，你說：「我早就知道你做得到！」其實這是在讚賞你自己的全知全能，而不是孩子的優秀成績。孩子當然會想：我自己怎麼都不知道我可以呢？因此，最好的表述是：「這是你努力之後的成果！」

心理學家認為，要賞識孩子的努力而不是聰明。因為每個孩子的智力都不一樣，你誇「真聰明！」但孩子也有自己擅長和不擅長的領域，這些都是孩子自己不能控制的，而好成績重在努力，努力才是發展的關鍵。

3.可以在最不可能讚賞的時候去讚賞孩子。

每個家長的心目中都有一個關於孩子的理想模樣，但實際上孩子是很難成為那個樣子的。身為父母一定要打破頭腦中的框架，不要將現實和理想做比較，用一雙善於發現的眼睛去尋找孩子身上的亮點，並及時加以強化。在你的讚賞和肯定中，孩子會將優點發揚下去。

家長甚至可以在不可能做出表揚的時候表揚孩子。比如，當孩子弄丟了借書證，你的第一反應肯定是認為孩子太粗心了，但你可以這樣說：「孩子，這張借書證是在你上學時辦理的，到現在已經有整整四年時間了，你能夠保管這麼長時間，說明你還是很小心的。」因為孩子原本就很自責了，你此時給出的讚賞便會鼓勵他今後更加小心和細心，這種效果是嚴厲的打罵和指責難以達到的。

4.透過他人之口讚賞孩子。

評價是孩子建立自信心的一個外在標準和途徑，家長還可以借助他人之口誇讚孩子，給予孩子自信心。比如「老師說了，他很欣賞你。」「鄰居的阿姨誇你很有禮貌呢！」

5.孩子有了進步要及時給出鼓勵和讚賞。

讚賞不能是泛泛而言，直接誇他們做得好還不夠，最好是把孩子的進步指出來，只有這樣才能充分激發孩子的熱情和積極性，鼓勵他下次做得更好。當然，這樣的讚賞還要及時，一發現孩子的進步，就要打鐵趁熱，避免孩子因為沒有得到及時的肯定而失望，進而削弱賞識教育的效果。但也要避免提及孩子過去的弱點和失誤，譬如，「你以前從未得到過A^+，這次居然得到了，太了不起了！」這樣的讚賞如果換成「我知道你一定在這門功課上下了很多工夫，進步很大呢！」效果會更好。

第三章

懲罰教育——幫助孩子自我醒悟

什麼是懲罰教育？近年來教育界普遍提倡一種以賞識和激勵為主的教育方式，強調家長和教師要以平等的心態與孩子們對話，尊重孩子的內心。但這是不是就意味著從此就不能再批評孩子？孩子犯了錯也不能嚴厲地予以糾正呢？懲罰教育與賞識教育是相悖的兩種手段，還是相互輔助的兩種教育形式？家長如何才能做到在賞識孩子的同時，也不忘對其過錯進行嚴格糾正？在懲罰教育中，家長需要講究哪些技巧？又要注意哪些問題呢？

第一節　賞罰有度，拒絕教育「抗體」

◇一、欣賞與懲罰

小小讀幼稚園大班，她的父母一直推崇賞識教育，認為好孩子就是誇出來的。小小很喜歡寫字畫畫，這讓父母感到非常自豪並常常在人前誇讚女兒將來一定會很有出息。有一次，老師告訴他們，小小喜歡在教室的牆壁上亂寫亂畫，還經常搶奪其他小朋友的書本並在上面畫畫，要求家長和老師一起來管管孩子。

但小小的父母可不這麼認為，他們說，既然孩子愛寫字畫畫，那就讓她畫，批評只會打擊孩子的自尊心和熱情。老師很無奈，只好在小小搶其他學生的課本或試圖在牆壁上亂畫時前去制止，小小的媽媽得知後還找來了校長理論。

賞識教育讓很多人相信了「好孩子是誇出來的」，但同時也令很多家長體會到了一味賞識帶來的不良後果。事實上，家長在實施賞識教育的同時，也要深刻理解其內涵，在賞識的時候並非不能批評和懲罰孩子，該批評的時候還是要批評，該罰的時候也要罰。

孩子愛畫畫確實是好事，但這位母親卻誤解了賞識教育的意思，真正的賞識教育離不開批評和對錯誤行為的及時糾正。愛寫字、愛畫畫是孩子值得讚賞的地方，可是家長如果任由其在牆壁、同學的課本上亂塗亂畫，這便是放縱。父母一旦發現這樣的行為，應該給予嚴肅的指責，並且指出哪些地方和哪些時候是適合寫字和畫畫的。這完全不會打擊她的自尊心和熱情，不僅不會抹殺孩子愛寫字、畫畫這件好事，還正確引導了孩子對行為對錯的辨識。

此外，孩子目前寫字、畫畫很好，有積極性，卻不代表始終如此。身為父母應該在孩子有不足的時候指出來，幫助孩子意識到這一點，比如用善意的詢問口吻和孩子商量，提出建議，「在這幅畫中，是不是在這裡多畫一些小草會更好呢？」「是不是可以考慮一下將這種顏色換成別的顏色？你覺得呢？」這類建議遠比粗暴的批評要好得多。

古往今來，教育界一直主張教育孩子要以讚賞為主，批評、懲罰為輔的方式，也就是說，讚賞、鼓勵的做法也要輔之以必要的懲罰手段。但懲罰並非體罰（罰跪、罰站、打手心等方式），而是對某些不良行為的及時、強制糾正。這種糾正方式既可以展現在精神層面上，還可以表現在行為上，譬如老師可以給學生警告、記過處理，以上屬於精神上的懲罰；而行為上的懲罰是指一些補償性的措施，譬如讓孩子打掃環境，讓他們在週末照顧小狗。這樣既可以培養孩子勤勞的優秀品格，還能夠增強其責任心。

著名教育家馬卡連柯說過：「確定整個懲罰制度的基本原則，不僅要盡可能多地去尊重一個人，還要盡可能多地要求他。」而以上的懲罰與尊重其實並不矛盾。總之，父母或老師對孩子的表現首先要有一個客觀的了解，並將這種認知客觀地傳達給他們，一味地誇讚只會令孩子走向另外一個極端。

廖先生在下班的路上接到一通電話，是兒子糖糖的導師打來的，電話裡導師說糖糖的作業沒有完成，數學老師現在要求孩子留校，什麼時候寫完了什麼時候再回去，還說最好家長也來一趟。廖先生一聽急了，趕緊打電話給妻子詢問情況。妻子說，週末替孩子檢查作業的時候，糖糖說作業全部都完成了，她也不知道是怎麼回事。放下電話，廖先生就直奔學校去了。

到了學校才知道，孩子所說的「作業全部完成了」，是除了數學學科之外的作業。在導師和廖先生的再三追問之下，糖糖才說了心理話：「我討厭數學，也討厭數學老師，更討厭他總是罰我寫那些討厭的公式。」原來，糖糖的數學老師是個特別負責的年輕教師，從事數學教學兩年，每年由他任課的班級數學考試都是年級前三名，可以說是一位非常優秀的數學老師，平時對學生的要求也十分嚴格，作業量非常大。

廖先生從孩子的語氣中聽出了他的反抗心理，在家裡妻子也喜歡用這種懲罰的方式來管教糖糖，但後來發現越是這樣他就越不聽話，最後還變本加厲地和他媽媽作對。後來，他建議妻子改變策略，在應該處罰他的時候說些鼓勵的話，在他想要偷懶的時候不是批評他，而是用獎勵的辦法，沒想到這招還真管用。

想到這裡，廖先生明白了，肯定是老師的罰寫讓孩子再次產生了反抗心理。最後，他和導師進行了一次單獨的談話，並要求把孩子帶回家去和他好好談，第二天一早保證交作業。導師同意了。

糖糖在路上一直都沒有說話，廖先生也什麼都沒說。快到家的時候，糖糖開口了：「爸爸，這次你和媽媽是不是也準備懲罰我？」「懲罰？你確實該罰！不過，你除了數學作業之外其他科目的作業都完成了，這是值得表揚的……還有，你的導師說他相信你回家能夠完成作業，才讓你回來的，並且我也做了保證。所以，現在你要幫我這個忙嗎？」

「爸爸，沒問題，但是你們可千萬別沒收我的遊戲卡。」

「嗯，下不為例。」

第二天，糖糖果然按時交了數學作業。

那個週末，廖先生和糖糖的數學老師楊老師取得了聯繫，雙方溝通順利，楊老師表示，自己也有錯，懲罰過度了，難怪孩子會牴觸，所以，透過這件事他會好好改進教學方式，努力讓每個學生不但喜歡數學這門課，還喜歡他這個人。

孩子的作業沒有完成，還謊稱已經完成，確實該罰，但在懲罰孩子的時候，老師自己也要分析原因，是不是因為某種教學方式學生接受不了。不但要「賞罰分明」，還要「賞罰有度」，老師指派作業多而雜，且大多數都是以反覆抄寫為主，這無法滿足中小學生的好奇心理和求新的心理，長此以往，難免要激起部分學生的反抗心理。

要想糾正孩子對待作業的錯誤心態，一方面從事塑造學生靈魂工作的老師很有必要使用適度的賞罰結合手段，做到因時而異、因人而異；另外一方面，家長也要加強與授課老師的溝通和交流，讓老師了解孩子在家中的表現，告知自己在家中所採用的已被孩子接受的教育方式。

◇二、「精彩極了」與「糟糕透了」

美國著名作家、劇作家巴德．舒爾伯格（**Budd Schulberg**）生活在一個充滿讚賞和批評的家庭裡。在他**8**歲的時候，他將他人生中創作的第一首詩拿給母親看，舒爾伯格的母親一看便十分高興地說：「天哪，這是你寫的嗎？簡直是精彩極了！」舒爾伯格的眼睛中充滿了自信和驕傲，但就在這個時候，父親的聲音傳來了：「我看這首詩簡直就是糟糕透了，孩子，你必須要繼續努力。」

原本自信和驕傲的神情頓時消失了，他望著父親，內心備受打擊。當時，在小舒爾伯格的眼中，母親是他自信心的來源，總是給他及時的鼓勵和欣賞，而父親卻總是那麼不近人情，要求十分嚴格。後來，他一邊的耳朵聽著母親「精彩極了」的鼓勵，一邊耳朵又聽著父親「糟糕透了」的批評，一次次嘗試，一次次努力，一次次修改，最終創作出了大量廣受讚譽的作品。

之所以能成為一名作家，他將這歸功於自己的「嚴父慈母」；他還說，如果沒有父親的批評，只有母親的表揚，說不定長大後的自己會誤入歧途。所以他認為，批評和表揚一樣重要，缺一不可。

可見，在讚賞和批評的背後，都有一個共同的出發點，那就是愛。父母的賞識和批評，是保證孩子這艘小船航線不偏離的前提。「精彩極了」和「糟糕透了」這兩句簡單的話語背後隱藏著豐富的家庭教育思想，「精彩極了」代表賞識和肯定，而「糟糕透了」則是批評和警醒，前者是母愛的偉大和感性，後者則是父愛的深沉和理性。可以說，賞識和批評，乃至懲罰，是良好家庭教育必需的重要條件，缺少其中任何一個，都會對孩子的成長不利。

教育不是萬能的，不管是賞識教育，還是懲罰教育，在某些特定的場合和時間，孩子只要是做了不該做的事，犯了不該犯的錯，身為他們的監護人，都應該實事求是，適度懲罰。要知道，讚賞和懲罰都要適度，否則，在孩子的身體裡會產生一種「抗體」——讚賞過度，孩子就會忽略這些美麗的詞彙，嚴重的時候還會走上歧途；而懲罰過度，孩子也會破罐破摔，一旦激起反抗心理，孩子們就會做出反抗，和家長或老師唱反調。所謂懲罰，應該在尊重孩子人格的前提下就事論事，寓教於罰，懲罰有度；三分懲戒，七分讚賞。

第二節

欲擒故縱，讓孩子自食其果

有一對父子在大沙漠裡牽著駱駝行走，長途跋涉，一段時間之後，兩人都累得疲憊不堪了。行囊中攜帶的水早就喝完了，飢渴令他們舉步維艱，可是沙漠還是無邊無際。此時，父親看到不遠處有一塊金色的馬蹄鐵，在陽光的照耀下閃閃發光。他回頭對兒子說：「那是沙漠先行者的遺留物，過去撿起它吧，會有用的。」兒子抬起疲憊的雙眼，朝父親指示的方向看了看，心想：會有什麼用呢？無非就是增加負累而已。於是，他搖搖頭，不肯過去。

父親沒再說什麼，自己走過去俯身撿起了馬蹄鐵。接著，二人繼續向前行走。最後，他們走進了一座城堡，在城堡裡，父親用撿來的馬蹄鐵換來了500顆酸葡萄。再次上路時，父親用酸葡萄來解渴，一邊行走一邊吃著，並且還時不時地拋下一顆酸葡萄。兒子跟在父親的身後，一顆顆地將它們撿起來。

這位父親讓兒子付出了代價，當初只要彎一次腰撿起馬蹄鐵，便能吃上酸葡萄，而現在他卻要彎腰幾百次，這是他對兒子當初「不聽話」、「懶惰」行為的懲罰，用自食其果的方式來達到教育的目的。這則小寓言啟示我們，在受教育者犯了錯，想不出更好的教育方式時，可以暫時不去理會，故意放任自流，等到時機成熟，再讓受教育者自行體會後果，即欲擒故縱。

七歲的小婷很喜歡小提琴，媽媽覺得應該尊重孩子的愛好，所以，當小婷提出買小提琴的要求時，媽媽很爽快地答應了，還幫她報名了小提琴課程。可是小婷只有在上課的時候才會練習拉小提琴，回家之後就沒見小婷練習過幾回，尤其是在新鮮感過去之後，小婷就完全忽略了那把琴。媽媽提醒過她很多次，但都沒有用。

沒過多久，學校舉辦秋季少年歌舞比賽，其中就有小提琴演奏的曲目。小婷得知後很興奮，回到家後將小提琴從書櫃中拿出來，告訴媽媽說：「我要報名參加學校的小提琴演奏，站在全校同學和家長的面前拉小提琴，那肯定很迷人。」媽媽聽了很開心，但她依然提醒小婷：「婷婷，妳的小提琴拉得怎麼樣了？在家都沒見妳練習過，妳確定妳可以通過選拔嗎？」「放心吧，媽媽，我一定可以。上課的時候老師還誇過我呢！」

當其他同學都在為這次比賽努力時，小婷卻沉浸在興奮和喜悅中，有時候她也會拿出小提琴，但沒拉多久就放下了。媽媽提醒了她很多次，要認真練習，小提琴的課程雖然結束了，但還可以再報名。可是小婷既不想去上課，在家也不能完全專心練習，媽媽說多了她還嫌煩。

就這樣，一個月的時間過去了，距離選拔小提琴手的日子越來越近，母親沒有再說什麼，她覺得自己的女兒太驕傲了，或許真的應該讓她遭受點挫折才行。

選拔的日子到了，小婷早早地起床，吃完早餐就背著小提琴去學校了。到了傍晚，小婷又背著小提琴落寞地回來了，一進門她就大聲喊：「我討厭所有人！」然後跑進臥室裡哭了起來。

母親當然知道發生了什麼，小婷什麼都沒有準備，和那些準備充分的同學比起來肯定不占優勢。於是，她推開了小婷的房門。

「婷婷，怎麼了？」她語氣溫和地問道。

「我好丟臉。」小婷哽咽著說。

「一定很難過吧！乖。」母親安慰著女兒，小婷進門的那句「我討厭所有人」大概也是說「我討厭自己做了錯事。」可見，小婷應該已經意識到了自己的錯，所以，母親放棄了「我早就提醒過妳，好好練習，妳就是不聽」這樣的數落和責備。

「嗯，我很傷心，我居然是所有拉小提琴的同學中拉得最糟糕的一個……老師還說我一定好久沒練琴了。」小婷流著眼淚。

「妳還會有表現的機會的。」

「太丟人了，這下同學們都知道了。」

「嗯，這肯定是的。但是，大家哪有那麼多心思來關注妳呢？因為他們更在乎的都是自己的表現，不是嗎？」

「我錯了，媽媽，妳叫我練琴，可是我沒有聽妳的話。」

「好了，孩子，如果妳真的知道錯了，那就把這次的經歷當作教訓，以後還可以繼續練琴。明年如果妳還想參加比賽的話，就有充足的準備了。」

小婷用力地點點頭，然後將眼光投向桌子上的小提琴。

對於父母來說，或許眼睜睜地看著他們的孩子犯錯，最後造成不快的結局，讓他們「自食其果」，確實不是一件很容易的事情。但如果父母的勸告沒有效果，又沒有更好的辦法，這個時候，對事情的前因後果一目了然的父母也應該讓孩子體驗由自己的錯誤所造成的後果。在這一點上，美國著名教育家芭芭拉與她的兒子有一段小故事。

有一次，芭芭拉11歲的兒子約瑟夫對她說：「我想要把我的頭髮一側弄成雙條式的髮型。」芭芭拉當然不喜歡兒子留這樣的髮型，可是她也知道，這並不是什麼危及生命、關係道德與健康的問題，而且頭髮還會再長，所以，她只是說：「我不喜歡這樣的髮型，而且我知道，周圍很多人都不會喜歡這種髮型。但你如果一定要這樣，我也不反對，但你要做好承受其他人對你的髮型非議的心理準備。」

於是，芭芭拉就帶著兒子去了髮廊。理髮師一見約瑟夫，就直誇他的金髮好看，但當得知約瑟夫想要的髮型時，他驚訝地看著芭芭拉：「將你兒子的頭髮剃成一側雙條式的髮型，這沒錯嗎？」芭芭拉點點頭說：「對，沒錯。我不喜歡，但這是他的決定。我可以忍耐。」理髮師在得到肯定答覆後便剃去了約瑟夫一側的頭髮，並保留了兩條。

結果第二天，約瑟夫就吵著要恢復原來的髮型了，還不願意出門。但不管他怎麼樣努力，頭髮還是這樣難以見人。當他一想到昨天一天所遭到的非議時，就躲在家裡不敢出門。他的姊姊還幫他用髮膠和慕絲固定頭髮，這才勉強可以出門了。在後來的一年中，約瑟夫又換了好幾種髮型。好在第二年，他就決定留回之前的傳統髮型了，並且再也沒有更換。

在電影《海底總動員》中有一位爸爸，他很溺愛孩子，甚至對孩子做出承諾，說「爸爸不會讓任何事情發生！」後來，「健忘魚」多麗提醒他：「這種承諾很奇怪，你不可能阻擋任何事情的發生，因為它總會發生，無論有沒有傷害。」有時候，讓孩子在犯了錯之後承擔一些必要的後果，要比緊盯著他們或者直接告訴他們，直到孩子忍受不了才屈從於家長，要有效得多。

日常生活中，父母應該給孩子承擔後果和責任的機會，比如當孩子沒有按時完成作業，你可以取消他晚上玩遊戲的時間；當孩子玩耍之後沒有按照你的要求將物品歸位時，你可以暫時讓他失去使用這些玩具的權利；當你苦口婆心地教導他，卻無濟於事時，可以放任不管，讓孩子在堅持自己的做法之後品嘗失敗的滋味……種種類似的做法不但有助於培養孩子自我約束的能力，讓他們盡早地學會承擔責任，還可以促進父母與孩子之間的互動。

心理學家提醒，當「後果」到來的時候，家長要遵守一條準則，即千萬不要在孩子的面前說「我早就警告過你」這句話，而是要溫和地關心他／她的內心感受；當孩子承認錯誤或者有認錯的表現時，家長可以重複提醒他／她將來可以去做的事情。比如「今後要再努力一點，這樣你的作文才能得到更高的分數，我們可以一起來規劃一下，怎麼樣？」這樣溫和的商討既保護了孩子的自尊心，又造成了很好的激勵作用。

反之，如果在這個時候，家長跑過來指責孩子，甚至發生爭執，試圖用枯燥的說教來讓孩子認知到自己的錯誤，就會適得其反。孩子的注意力會被轉移，認錯的意識也會降低，一心想著要和家長爭辯。這就違背了「欲擒故縱」，讓孩子「自食其果」的初衷。

當然，很多家長肯定要問，讓孩子自食其果，為自己的錯誤行為買單和懲罰有什麼區別？或者這也是懲罰的一種形式？事實上，懲罰是為了教訓孩子，故意剝奪孩子的時間或者某種權利來追加孩子的痛苦，而讓孩子「自食其果」則是讓他們承受由自己的某種行為帶來的自然結果。

譬如，孩子想要在學校的足球比賽中借父親的球服用一下，但他卻在前幾次的借用中讓自己的父親很不滿意：他答應了父親會好好愛護球服，並且會洗乾淨了再歸還。但他卻將墨水漬留在了球服上，並扔在書包裡不管不問，直到父親追問時，他才從書包裡掏出已經發臭的球服。鑑於這一點，這位父親肯定不願意再借給他，並直截了當地拒絕。

孩子當然也知道這是為什麼，父親的拒絕是對他不守承諾和不愛護球服的懲罰。意識到這一點之後，他向父親寫了一份書面保證。最後，球服順利借到手了。而一個星期之後，乾淨的球服正整潔地躺在父親的衣櫃裡。想必這樣的效果要比粗暴而直接的懲罰要有效果多了。

第三節　智慧溝通，給孩子自我反省的機會

曾經有人做過這樣一個實驗：一根蠟燭、一盒圖釘，要求學生想個辦法將蠟燭固定在牆上。實驗人員事先將學生分成了兩組，一組學生在做這個實驗之前都是觀看喜劇片，教室裡充滿了笑聲，而另外一組學生則觀看教育片，枯燥無味。

後來，在實驗的過程中，前一組觀看了喜劇片的學生中，有75%的人想到了固定蠟燭的辦法，即把圖釘倒出來，並用兩根圖釘將圖釘盒子釘在牆上，然後再把蠟燭黏在圖釘盒子上；而另外一組學生中只有20%的人想到了這個方法。

雖然該實驗並不是非常嚴謹，但卻初步驗證了一個事實，那就是情緒對孩子的學習和思考有著非常重要的作用。由此，我們可以得出這樣的結論：任何懲戒孩子的方式都應該以不破壞孩子的情緒為底線。

那為什麼一定要懲罰孩子呢？在可罰可不罰的時候，是否能夠找到一個比較好的處理問題的方法呢？

父母們可能這麼想：

「我真的是太氣憤了，這個問題我都說了多少遍，我看孩子就是要和我作對。」

「懲罰孩子時我也滿難受的，但沒有別的方法。」

「假如不懲罰孩子，那還談什麼教育？」

……

孩子們也可能會這樣想：

「我討厭媽媽那無休止的嘮叨，她就是一個女霸王。」

「有時候我覺得他們可以更嚴厲地懲罰我，這樣我就會生病了，而且病得很嚴重，叫他們後悔去吧！」

「我就是要和他們作對，就要！」

……

弗茲特·道森博士在《怎麼做父親》一書中指出：「懲罰是一種非常沒有效果的管教方式，往往會令孩子朝著跟我們預期中相反的方向發展。很多家長用懲罰來教育孩子，主要是因為沒有人教給他們更好的管教方式。」確實如此，強制性的懲罰容易激起孩子的負面情緒，既影響其智力發育和思維靈活度，也難以產生家長預期的效果。

可見，懲罰會帶給孩子敵意、牴觸、抗拒，甚至是罪惡感、自憐自艾、失去自我價值感。孩子會將精力集中在如何「報復」父母上，而對自身的錯誤言行依舊難以有清楚而客觀的認知。也就是說，當你懲罰孩子時，其實就是在剝奪他們從內心深處自我反省的過程和機會。最後，懲罰不但不能阻止不良行為，還會滋生孩子的反抗心理，讓他們在再次犯錯時小心翼翼並更加巧妙地掩飾自己。

所以，如果能夠找到一些代替懲罰的教育方式，會不會更好？

◇一、避開懲罰，給孩子一個自我反省的機會

彤彤從小就活潑好動，跟著媽媽出去，總是對什麼事情都非常好奇，一好奇就試圖用手去觸摸或乾脆到處亂闖，膽子很大。有一次，媽媽帶彤彤去超市裡買東西，也許她

沒見過堆放了這麼多食品和東西的地方，因此，好奇心便瞬間膨脹了。她總是在跑道上跑來跑去，還抓了很多東西放進媽媽的購物籃裡。

媽媽訓斥她說：「彤彤，讓我來挑……蘋果家裡還有很多，我們不需要……不要亂摸……快回來，跟著我！別亂跑……我的姑奶奶，那是要付錢了才能喝的！天哪，我就要瘋了……」這個時候的彤彤是最興奮的，她覺得媽媽這樣很可愛，一點都嚇不倒她，但是後來，彤彤不敢動了，因為媽媽很嚴肅地警告她：「如果妳再這樣，晚上就別想吃我買的草莓，還有我做的冰淇淋蛋糕！卡通片也可以免了！」

這種恐嚇的話語確實有用，卻都是暫時的。彤彤總是管不住自己，只要一去超市或商場，她就興奮得不得了，到處跑，像在探險一樣。

心理學家認為，大多數家長使用類似的恐嚇或懲罰手段都無法使孩子真正做到「聽話」，因為他們低估了一個孩子對自己正在破壞規則的意識程度。很多孩子都對否認大人權威這件事進行了心理分析，他們會提前考慮好行為並權衡即將會發生的後果。

因此，家長可以事先在家裡用一些道具排演一下在超市中購物的過程，母親在排練的過程中教孩子如何去做，教他們在超市中應該遵守的規則。但不管怎樣，可以不用懲罰的時候就不要用懲罰。下面來看看常小明同學的一次童年經歷。

常小明今年讀大一，閒暇時他總是會想起讀小學六年級的時候，某個週末的夜晚，他因為貪玩而撒謊欺騙父親的情景。

那天是星期五，又是一個週末！小明特別開心，因為他又可以和玩伴們一起玩了。但他卻忘記了兩天之前和爸爸之間的約定：週五放學後騎著他的腳踏車去爸爸的公司門口接他（學校和爸爸的公司很近，兩人可以順便在附近的超市裡買晚飯，因為母親出差了）。當小明記起來的時候，距離約定好的時間已經過了兩個半小時。

「這下糟了！」小明急忙騎上腳踏車往公司趕，不遠處他看到爸爸還在公私門口。「爸爸，對不起，車子……壞了。」小明心中很歉疚，但又不敢說實話。「我可以在這裡等你十幾個小時，但就是不能容忍你撒謊。」說完，爸爸轉身憤然離開，準備步行回家去。小明追上去，欲言又止，他想解釋，卻不知道該說什麼。父親見狀，接著說：「我非常生氣，但不是對你，是對我自己。我已經意識到，身為一個父親，我是多麼的失敗。現在讓我自己走回家去，並在這5公里的路上好好自我反省。」

接下來，在為時一個小時的路上，小明始終沒有吭聲，只是推著車子跟在父親的身後。也是從那天開始，小明再也沒有向父親撒過謊。考大學前夕，小明曾問父親：「爸，那天你是怎麼知道我撒謊的？」「其實，我在等你的時候碰到了你同學的家長，他說你和他兒子一起去踢球了。」「那明明是我撒謊了，為什麼你不懲罰我？您在外面等我那麼久，後來還要自己走回家，這讓我很內疚。」父親笑了，因為這就是他想要的效果。

有些時候，教育孩子最好的辦法往往不是直接打罵和指責，而是在教育中幫助孩子，不惜以犧牲自己的身體和精力為代價，用實際的行動感染他／她。當孩子體會到家長的一片苦心時，也就會加深對自己錯誤的認知，並從中受到啟發與教育。

下面是一個教學中的經典案例。

那是一個傍晚，學生們都在上晚自習，湯老師在查寢回去的路上遇到2班的班導賈老師，他很氣憤地說：「這些學生真是太難管了，昨天徐小剛的畫筆被偷，今天李浩的鉛筆盒連同裡面的200塊錢都不見了。」湯老師心頭一驚，昨天的事鬧得沸沸揚揚，賈老師從王豔的抽屜裡當場搜出徐小剛的那支畫筆，王豔臉上的表情他記得很清楚，第二天她就沒來上課。而這次居然還有人偷錢！確實很令人氣憤。「我問李浩了，他說有一張100元的一角缺了一小塊，我們就按照這條線索調查。」

於是，兩人準備一起走進2班教室，展開搜查。就在走廊上，已經年近六旬的老教師馬老師攔住了他們，並悄悄地說了幾句話。賈老師疑惑地問：「這行得通嗎？」馬老師笑著說：「放心吧，就看你如何來處理了。」

就這樣，湯老師找來一個空紙箱，在晚自習將要結束的時候走進了教室。同學們看到老師手中的紙箱開始議論紛紛，不明所以。「好了，同學們，我很不滿我們班會有這樣的事情發生。當然我也相信每個人都不想拿別人的東西，即使一時糊塗，心中也萬分後悔。昨天對王豔同學的處理，我們都覺得不夠妥當。」

賈老師接著說：「現在有一個空紙箱，一會兒晚自習結束的時候每個同學都將手伸進去一下，希望你們好好想清楚，不要一錯再錯。」接著，教室裡的燈就熄滅了。同學陸續走上前去，然後走出教室。

最後，賈老師抱著紙箱回到了辦公室。打開一看，裡面果然有兩張被揉在一起的100元，還有兩支鋼筆、一把小刀、一塊橡皮擦、兩根鉛筆。馬老師欣慰地笑了，「看，現在的孩子自尊心很強呢！我們老師在處理問題時確實應該考慮到這一點，給孩子自我反省的機會，總比當眾揭他們的傷疤要有效果得多。」

大概過了七八年，有一天，湯老師忽然收到一封信。打開一看，原來是一位叫周同桐的學生寫來的。他在信裡敘述了那個差點讓他無地自容的夜晚，還講述了自己當時偷拿李浩的鉛筆盒只是想惡作劇，並不知道裡面還有錢，他擔心自己被同學們喊成「小偷」，才遲遲不敢站出來認錯。「再過一個月我就要考大學了，這些年來，我一直銘記著那個夜晚，它會在我今後的人生路上時時警醒我做人的道理。」信件最後的署名剛勁有力，湯老師一時之間感慨萬千。

事實上，不管教育者採用什麼樣的策略，只要在尊重孩子人格的基礎上給予他們自我反省的機會，相信一定會比直接的體罰更有效。

自我反省是人的一種內在人格智力，是了解自己、完善自我、取得進步的前提。對一個成年人來說，自我反省的能力能夠正確認知自己的優點或缺點，做到自尊、自律、有規劃地做事，遇到挫折也能夠積極調整情緒。而在孩子的世界裡，自我反省的意識尚未形成，或者正處在萌芽狀態，他們尚不自知。所以，身為家長應該抓住每一個教育的機會來引導和激發孩子的自我反省能力。

譬如，當孩子不懂事地將小魚兒放在地上，開心地看著他們在乾燥的地面上垂死掙扎時，家長該怎麼辦？大聲斥責孩子「你怎麼可以這麼殘忍！」或「這實在太不應該了，趕緊把小魚放回去！」還是蹲下身子詢問：「當你口渴的時候什麼感覺？小魚兒現在就非常口渴，而且魚是水生動物，一旦沒有了水，牠們就活不了，所以現在牠們很難受，我相信你一定不忍心看牠們這麼難受的，對不對？」事實證明，前者只會令孩子更加好奇和排斥，只有後者那種循循善誘的引導孩子自我反省的方式，才能讓孩子真正「聽話」。

◇二、培養孩子自我反省的能力

家長不僅要抓住每一次教育機會，還要在平時注重教育方式，以便更好地培養孩子的自我反省能力。

1.不要直接對孩子的錯誤行為橫加指責。犯錯的孩子可能在當下無法完全意識到自己的行為有何不妥，家長如果一味指責，會激起孩子的反感，出現牴觸行為。此時再進行說教就失去了應有的效果，更重要的是孩子意識不到自己的錯誤行為。

2.試著讓孩子承擔由自己的不良行為導致的後果。孩子犯了錯當然應該及時指出來，但如果家長僅僅是指出了錯誤，反而自己去承擔犯錯後的責任，這會令孩子覺得做了錯事也沒什麼，還有家長為自己負責呢！這不利於其責任心和自我反省能力的培養。所以，家長應該試著讓孩子自己去承擔犯錯後的責任和後果，讓他們明白這些後果是源於自己的錯誤行為並必須承擔責任。

3.關注負面情緒的正面效應。俗話說「人之初，性本善」，孩子內心的世界是純淨的，但家長還是要為他們灌輸一些正直、善良、勇敢等正面的思想道德情感，幫助其塑造更為美好的心靈。而內疚、羞愧等負面道德情感比起那些正面的情感更能夠在孩子的心中留下深刻印象。

因此，在孩子犯了錯時，不妨讓孩子體驗一下羞愧、內疚、自責等負面的道德情感，即促使其開始自我反省，有助於加深其記憶和教育力度，還可以幫助他們區分是非、善惡、對錯、好壞、美醜等相互對立的現象，引導其自行改正錯誤。比如前文中提到的常小明和周同桐的例子，犯錯不可怕，可怕的是一錯再錯。身為教育者，應該讓犯錯的人懂得內疚和羞愧，這會比直接批評和揭穿更能激發孩子的自我反省力。

◇三、不用懲罰也能達到教育的目的

段小毅很貪玩。前段時間外祖母生病了，他答應了媽媽要好好照顧外祖母的，因為媽媽白天要工作，晚上還要去做兼職，很辛苦。小毅也認為母親很不容易，所以他決定遵照母親的交代，每天晚上六點之前必須回到家中陪外婆說話。

但是，就在小毅信誓旦旦地答應母親的第二天，他回家晚了十分鐘，母親知道卻沒有說什麼；第二天貪玩的小毅還是晚了十幾分鐘，這次他感到很自責，於是一進門就開始對媽媽解釋：「媽媽，我在踢球的時候才忽然想到要回家陪外婆，所以我趕緊回來了，可是還是晚了十分鐘，對不起。」這次，母親也有點生氣了，因為馬上要動身去上班，所以她很煩躁地說：「孩子，你太不守信用了，說好的時間你忘了嗎？下次再這樣就別去踢球了。」

小毅站在原地，很難受，心想：我都已經趕回來了，也道歉了，怎麼還是要罵我？

其實，要想讓小毅按時回家有很多更好的方法，並非只有「下次再這樣就別去踢球了」的恐嚇和懲罰。如果這位母親真的以剝奪孩子最喜歡的運動為條件來強制孩子的話，肯定會引起孩子的不滿，甚至是逆反情緒，最後孩子不但不會放棄踢球，還會和母親唱反調，故意不按時回家。因為他意識不到自己的錯誤，或者已經意識到了，但他認為比起自己的錯誤，母親更有錯。

教育專家認為，孩子犯錯是再正常不過的事情，只要不是致命的，就完全可以透過引導的方式來達到教育的目的。下面是幾點建議：

第一，嘗試轉移孩子的注意力。對於不聽話的孩子，家長往往很頭疼，不知道該怎麼樣才能讓孩子停止一些不當的行為。事實上，如果直接說不管用，不如暫時緩一緩，要求孩子去做別的事情，比如幫忙清理地面，幫忙收回晾晒在外面的衣服等。

第二，在不攻擊孩子人格的前提下，表達不滿的立場。如果孩子的自覺性比較好，那家長只要明確表達出自己的反對立場即可，讓孩子知道自己確實不該這樣；然後再控制好情緒，不要責備孩子「不守信用」、「不守時」、「搗蛋鬼」等，更加不要使用一些貶低孩子人格的詞語，比如「沒出息」、「沒長心眼」等。針對上述例子中的情況，因為孩子已經認錯，所以母親只要稍稍表達一下自己的不滿和期望就夠了，沒有必要再去罵他「不守信用」，更沒有必要再去懲罰孩子。

第三，表達期望。德國教育學家第斯多惠（Friedrich Adolph Wilhelm Diesterweg）認為，教育的藝術不在傳授本領本身，而是在於激勵、喚醒和鼓舞；如果家長能夠經常表達期望，會更容易刺激孩子的上進心，鼓勵他們做得更棒、更出色。

也就是說，家長應該認為孩子已經成為自己心目中的樣子，並以此去對待他們，表達期望不僅是在描述自己心目中孩子的最佳形象，也是在鼓勵孩子做得更好。比如「我希望你早點回家陪外婆，是因為她需要人交談，你對她來說很重要。」「我希望你再努力一點，這樣就可以學到更多的知識了。」「我覺得你起床後將被子疊整齊是一件很值得讚賞的事情。」

第四，提供選擇。當你需要孩子去做一件他們可能會不太願意的事情時，使用選擇的方式會更容易被接受。比如「你是想讓老師明天在課堂上點名指責你，還是讓他誇獎你呢？」孩子當然不願意被指責的，所以，你可以接著說：「如果不想被指責，就把作業寫完。然後你就可以去做自己喜歡的事情了。怎麼樣？」

第五，提出彌補的方法。家長在指出孩子犯錯的時候，最好也一起提出彌補的措施，讓孩子知道自己錯在哪裡，又要如何去負責任，這樣他們才會記得牢並吸取教訓。

比如「地板上有一大塊水漬，我現在只關心有誰可以來清理一下。」「你這幾天總是不能按照約定的時間回家，所以我們去買衣服的計畫就要延後了。」家長態度明確，指出孩子犯錯後該如何去彌補，這樣他們才會知道做了錯事之後要付出代價。明白了這個道理之後，他們才能盡力把事情做好，避免犯錯；改正錯誤也會比較積極。

第四節 屢教不改，需講究策略

◇一、孩子屢教不改的常見心理

日常生活中，父母總是要為自己的孩子操心，叮囑、吩咐、勸阻等，但卻經常會出現這樣的情況：當家長們苦口婆心地勸阻孩子，或者在孩子犯錯的時候採用各種方法來讓他們意識到自己的錯誤，孩子當時是接受了並且有一段時間沒有再犯類似的錯誤，可是不久之後，孩子的老毛病又犯了。而這次家長不管用什麼方法都不管用了，除非採用粗魯的方式，孩子才有所收斂。最後，孩子雖然「聽話」了，但往往雙方都不愉快。

孩子屢教不改，家長到底要怎麼辦才好？

心理學家認為，屢教不改的背後一定存在一些家長未曾意識到的原因，需要站在孩子的角度上分析。

首先，孩子不能按照原定的計畫背書、練琴時。孩子總歸是孩子，大人或許難以理解為何他們會對卡通片如此著迷，對動漫那麼熱衷，對玩具那樣專注……而當孩子正沉浸在自己的快樂世界中時，家長如果強行將其拉去背書或練琴，不僅很掃興，也很難讓孩子快速地將心思收回，並放在面前的作業本或樂譜上，甚至還會故意搞一些破壞來表示反抗。

因此，當你的孩子正在做他們自己的事情時，千萬不要急著要求他們轉移注意力，最好是將原計畫的時間稍作調整，或者提前提醒孩子做作業的時間馬上就要到了，等到他們興奮的情緒慢慢平靜下來之後，再去做作業或練琴。

其次，家長不斷強調、不斷叮囑，孩子卻像「沒有長耳朵」似的。家長對孩子的關懷永遠都是無微不至的，但很少有家長考慮到孩子是否真的需要這樣的關懷，當父母絮絮叨叨的話語整日縈繞在孩子的耳畔時，孩子往往就會變得充耳不聞。比如，「走路當心」、「吃飯小心噎到」、「喝水別嗆到」……一連串類似的囑咐語，再加上一大堆「不要這樣，不要那樣」的叮囑，孩子聽多了自然要不耐煩。

也許家長叮囑的內容還有很多，當然，孩子「充耳不聞」確實有錯，但家長自己也要好好想想，是否應該允許孩子「摔倒」，不經歷「摔倒」孩子很難學會正確「走路」。因此，家長過分干預勢必會引發孩子的逆反。

最後，「充耳不聞」其實也是一種無聲的反抗。家長要求孩子起床後一定要將被子摺好，把東西放整齊，但他們卻總是一掀被子就下床了，接著就完全不再理會被子的事了，東西也丟得到處都是。於是，家長會認為孩子很懶，不聽話，任你交代千萬遍，孩子就是難以養成習慣。

最後沒辦法，家長把臉一沉，發起火來了，孩子這才乖乖地收拾，可是心裡還是不情願。遇到這樣的情況，家長就應該意識到，孩子對你交代的內容「充耳不聞」是在向你反抗，此時就要考慮改變教育的方式。

◇二、解決問題的有效方式

1. 怎樣才能不嘮叨？

家長嘮叨得太多，孩子就會反感，進而變得「充耳不聞」，你甚至懷疑孩子是否長著耳朵。因此，要想從根本上解決問題，讓孩子「聽話」一點，家長要從自身存在的問題出發，在正確表達關愛的前提下，改掉「愛嘮叨」的習慣。

簡單明確的描述。將你所看到的或問題用簡單而明確的語句描述出來，比如「沙發上有果皮」、「卡通片的聲音太大了」等，這樣說出來之後，既避免了父母的長篇大論，同時孩子也很快就知道該怎麼做了。但切忌不要在這些句子的前面加上「你」字，因為這會使孩子感覺父母是在指責、埋怨，很容易產生牴觸的情緒。

用筆寫下來，用紙條傳達給孩子。有時候太多的語言往往難以表達一個明確的意思，父母可以採用手寫的方式，在一張小紙條上寫下自己的意願或期望。

有一個五歲的小男孩，他喜歡和父親待在一起，甚至在睡覺的時候也要到父親的房間裡去。這位父親很苦惱，最後他調整了心情，詢問道：「兒子，要怎麼樣你才能不隨便進我的房間呢？要知道，我們都需要休息。」小男孩很機靈，他說：「你寫紙條給我吧，寫上去貼在門上。」這位父親果然這樣做了，小男孩覺得很滿足，他喜歡收到爸爸的小紙條。

於是，只要當他收到爸爸「請勿入內」的紙條時，就很乖地待在自己的房間。也許有些孩子並不完全認識字條上的字，但對收到紙條本身就非常歡喜了，也會很鄭重地對待紙條上的內容；而年長一點的孩子會因為父母花時間寫紙條給他們而感動。這樣一來，父母既避免了浪費口舌，孩子也更樂意接受。

2.為屢教不改的孩子找到解決問題的辦法。

教育專家認為，屢教不改的孩子需要家長有足夠的耐心去寬容他們，並盡力找到解決問題的有效辦法。當然，在採用以下方法教育孩子之前，最好弄清楚自己是否還在生氣，盡量不要在生氣的時候來做下面的事情；另外，還要看看你的孩子是否情緒也不錯。當這兩個條件都符合之後，再來操作下面的幾個步驟：

第一步，可以嘗試著和孩子交談，引導他們談論自己的內心感受與需求。比如孩子沒有按照父母規定好的時間回家，你可以這樣說：

「我覺得當你在外面玩得正開心的時候，我如果叫你回家，一定很掃興吧？」

「是啊，確實很掃興。」

「但你說好最晚六點到家的，太晚我會擔心的。」

「你沒有必要為我擔心。」

「讓我不擔心是不可能的事，所以我們今天最好找到一個兩全其美的辦法。」

「好啊！」

第二步，當孩子完全配合這次交談時，找來一張紙和兩支筆，你們一起在紙上寫下各自的意見，注意要採用不附加任何評價色彩的意見。比如：

「如果沒有其他的事情，就按時回家。」

「如果我回來晚了一些，請不要擔心我。」

「晚餐延後半個小時，回家一起吃晚飯。」

「幫我留晚餐。」

「提前告訴我。」

……

第三步，當你們把各自的想法和意見都寫下來之後，坐在一起討論哪些是可以共同接受的，哪些是不能接受的。

第四步，共識，達成一致，遵守執行。

需要注意的是，在第一步中，家長一定要本著交流和溝通的目的和孩子談話，注意傾聽，而避開那些武斷的評價或說教。只有當孩子感受到了你發自內心的理解和在乎時，才願意和你進一步溝通，進而說出自己真正的想法並考慮你的意見。而在敘述自己的感受時，千萬不要一味地強調「擔憂」，最好簡短、清晰。

在一起探討共同被接受的意見時，避免使用「這個主意不好」、「這個想法太愚蠢了」之類的評價語句，這會使你之前的努力全部前功盡棄；關鍵是要接受所有的想法，然後再與孩子一起商討。

心理學家認為，家長告訴孩子「你可以把你所有的想法都寫下來」，這其實是對孩子的一種尊重，而「寫」本身已經不是特別重要的一件事了。當孩子感受到被尊重時，也會樂意接受和尊重家長的某些決定。

最後就是遵守執行了，家長要將最終定下來的計畫重新抄寫一份，然後唸給孩子聽，「完成這些項目我們都需要做些什麼呢？」「這個任務的監督執行就交給你了，怎麼樣？」「如果有人違規了，是不是應該接受指責或懲罰？」不要擔心這個方法會不會立即有效果，不宜操之過急。

下面是使用該方法成功讓孩子「聽話」的例子。

小恩和小貝是一對很可愛的雙胞胎姐弟，5歲，現在在幼稚園讀書。週末的一天，小恩和小貝待在家裡，母親去附近的超市買食品，臨走之前她明確地說：「老實地待在家裡，別試圖跑出去，我去外面很快就回來，家中最好保持整潔。」

大約一個半小時之後，她回來了，但客廳已經亂成一團了。然後，她清楚地看到沙發上有一塊被芒果汁弄溼了的地方，而且地面和桌子上到處都是芒果皮。她生氣極了，每次都是這樣，於是大聲喝道：「這是誰弄的？」小恩和小貝都互相指著對方，「是姊姊弄的，不關我的事。」「胡說，明明就是你！」

她當然知道，其中肯定有一個人在撒謊，或者兩個人都撒謊了，這些有可能是兩人共同的「傑作」。但她又想，在被孩子氣到的時候，或許表達憤怒要比找出「真凶」更加有效。於是，她說：「不管到底是誰做的，這都是我非常討厭的行為，我只關心，現在誰來幫我一起清理這些芒果核和芒果皮。」

由於這樣的現象已經不止一次，她決定做些什麼來制止這類行為。

「小恩，小貝，我知道你們愛吃芒果，很美味，連我都愛吃，但是吃完之後，我希望你們不要胡亂扔芒果核和芒果的皮，因為這實在不衛生。」

「可是我們都習慣了，這樣吃東西很舒服。」

「那或許我們會有更好的辦法來解決這個問題，願意和我一起來討論一下嗎？」

「好啊。」

「現在給你們每人一張紙，在上面寫出所有自己認為最好的辦法。」

小恩和小貝接過紙，開始在上面寫起來。

「準備垃圾桶。」（小恩）

「紅色的垃圾桶，怎麼樣？」（小貝）

「最好大一點。」（小恩）

「還要貼上我最喜歡的藍精靈圖畫。」（小貝）

「能不能幫我買點橘子回來，我們保證不亂扔橘子皮。」（小恩）

……

經過一番討論之後，她與孩子達成了共識，即在客廳準備一個更大一點的紅色垃圾桶，並買來小貝喜歡的藍精靈圖案貼了上去。她還幫孩子們買了橘子，但她的要求是「要把果皮扔在垃圾桶裡，不許在沙發上吃東西，吃完之後洗手」。小恩和小貝高興地答應，同時也做到了。

在這個例子中，家長首先不是懲罰和指責孩子們，也並不執意於找到真相，這就順利地將孩子們的注意力集中到了承擔事情責任上面。後來，為了避免這類狀況再次發生，她決定和孩子們談談，目標就是解決這個難題。

當然，如果家長和孩子制定的計畫在執行一段時間之後失去了效果，幾乎難以貫徹下去時，可以選擇再與孩子重新進行一次談話，然後再制定一個新的計畫。那為什麼起初的計畫會失敗呢？心理學家認為，沒有哪一種方法是永遠一成不變的。尤其是隨著孩子年齡的增長，其需求也會隨之變化，因此，家長要注意及時調整計畫。

第四章

獨立教育——獨立是成長的第一步

家長應該明白，我們培養孩子的一個最重要的目標，就是要幫助我們的孩子成功地成為一個獨立的個體。然而，時下卻有不少父母「愛子心切」，捨不得放開孩子的手，更不願意讓孩子親身體驗生活。結果，等到孩子什麼都不會做的時候，又開始著急起來。其實，孩子的獨立性應該盡早培養。那麼，在家庭教育中，家長應該如何培養孩子的獨立性呢？本章將為你講述關於獨立教育的不一樣的見解和觀點。

第一節 引導孩子獨立思考

隨著時間的流逝，孩子逐漸長大，不可能永遠都躲在父母的羽翼中生活，這是父母應該認知到的自然規律。然而，時下卻有很多父母希望孩子在溫室裡成長，他們為孩子遮風擋雨，習慣事事介入，甚至出現了「包辦」的現象。

心理學家認為，培養孩子的獨立性至關重要，在父母溫暖的羽翼下長大的孩子容易出現兩種極端：一是成年後喜歡處處與人爭辯，不能就事論事、客觀地處理人際關係；二是擺脫不了依賴性，他們對權威的依賴性甚至超出了個人的成就感，缺乏承擔責任的勇氣。前者是令人討厭的詭辯者，後者則是典型的懦弱者。

教育專家認為，孩子需要從小培養獨立性，先從獨立思考能力開始培養。不管孩子們的想法多麼千奇百怪，都需要父母給出正確的指引，這關係到孩子今後價值觀的形成。

有這樣一則笑話：在一所國際學校中，老師出了一道題目給學生，「誰思考過世界上其他國家糧食緊缺的問題？」於是，學生們紛紛說：「沒有，不知道。」——歐洲學生不知道什麼叫「緊缺」；非洲學生不知道什麼叫「糧食」；美國學生不知道什麼叫「其他國家」；而亞洲學生則不知道什麼叫「思考」。

笑話並不好笑，因為它其實是在反映一個更深層次的問題。在時下的教育制度中，父母希望孩子聽話，永遠服從管教，而老師則希望學生永遠「回答正確」，孩子失去了思考的自由，多了不少思考的限制，當然也就無所謂「獨立思考」了。

在一次親子活動中，一群孩子在地上玩沙土。外國孩子用小鏟子將沙土向漏斗裡灌，漏斗下面有洞，沙子永遠都裝不滿。孩子發現了這一點，所以他用大拇指將下面的漏洞堵住了，不一會兒，沙子就多了起來，然後他才挪向瓶口，鬆開大拇指，沙土漏進了瓶子中。雖然他費了很大的勁才將瓶子灌滿，但經過努力和思考得到的成功讓他非常有成就感。這整個過程中，他的母親都在一邊看著他，等到孩子成功了，她才開心地鼓掌，為孩子慶賀。

而在另一邊，有一位亞洲母親帶著兒子，當兒子將沙子倒進漏斗，接著往下漏時，她急忙蹲下來告訴他：「這樣不對，兒子。來，媽媽教你。」於是，她從兒子的手中接過漏斗和鏟子，將漏斗對準瓶口，沙子很快就裝滿了瓶子。

父母對孩子的過度關心，實在是培養其獨立思考能力的一大殺手。有句古詩說得好：「紙上得來終覺淺，絕知此事須躬行。」那種孩子在經歷各種問題時進行的探索、嘗試和在錯誤中累積的經驗、獲得的成長，是父母給予不了的。

教育專家認為，孩子具有獨立思考能力，不但有助於學習，還可以為今後的發明創造打下堅實的基礎，是走向成功的關鍵性前提。牛頓與萬有引力的誕生告訴我們，提出問題有時候要比解決問題更為重要，即思考的過程要重於結果。

在牛頓小的時候，曾做過這樣一個遊戲：他將一小桶牛奶繫在一根繩子上面，並緊緊抓住繩子的另外一頭，使勁地轉起來，速度越快牛奶就越完好無損，一點都不會灑出來，但只要放慢了速度，牛奶馬上就流了出來。這個小遊戲一直困擾著牛頓，善於思考的他不明所以，常常思考，卻始終沒有得出結論。

長大之後，牛頓一直從事科學研究，整天在腦海中思考著無數科學問題。有一天傍晚，牛頓來到花園的蘋果樹下，忙了一天，他感到很累，而蘋果的清香令他頓時有了一絲生氣。他看見陽光透過繁盛的枝葉灑落在蘋果上、自己的身上和地面上，彷彿一切都被賦予了陽光的顏色和溫暖，煞是好看。可是此時牛頓卻無心欣賞美景，依舊沉浸在無邊無際的思索之中。

眼看太陽就要下山了，牛頓抬頭看看天空，又回過頭來看那已被晚霞映紅了的蘋果。此時，有一個蘋果剛好從樹上掉落，砸在了他的腦袋上，然後又掉在地上。「蘋果為什麼會掉下來？」「為什麼蘋果不飛向其他的方向？」「為什麼偏偏就掉在了地上呢？」「所有物體都有重量，沒錯，難道它們都能由高處掉在地上嗎？」

於是，牛頓思考著，腦海中浮現出蘋果旋轉的畫面，一圈又一圈，越轉越快，忽然，他覺得眼前一亮，腦際靈光一閃，再也抑制不住興奮：蘋果之所以掉在地面上，是因為地球的引力，而這種引力也會讓月球向地球墜落！

也就是說，行星圍繞著太陽運轉，其實是因為受到了太陽引力的作用；宇宙中的一切物體都有重量，在它們之間都存在相互吸引的力量，即萬有引力。

「但是……」牛頓繼續思考，「蘋果因為引力墜落在地上，而月亮為什麼就不會像蘋果那樣掉落在地上呢？行星為什麼也不會落在太陽上呢？」思考了很久，牛頓忽然想起了兒時的那個遊戲。牛奶會因為快速運動而不灑出一星半點來，這是因為有一種向內拉引的力量和一種向外掙脫的力量相互對抗而又相互平衡的結果，這種向外掙脫的力量其實是因物體橫向運動的速度而產生的。就這樣，牛頓在思考中推想、舉一反三，由「蘋果落地」這一自然現象展開思考，最終發現了著名的「萬有引力」定律。

愛因斯坦曾說：「學會獨立思考和獨立判斷要比獲得知識更為重要。」成功者大多具有獨立思考的能力。那麼，家長要如何培養孩子獨立思考的能力呢？

小敏喜歡寫作業的時候有人陪著，因為這樣她就有討論和請教的對象了。這天，她按照慣例在房間裡寫作業，媽媽在隔壁。「媽媽，快過來，這道題目怎麼算？」母親走進來，拿起小敏的題目看了看，然後就直接告訴她解答的方法了。小敏很快就做完了作業，到同學家玩去了。

其實，在學校小敏也很喜歡問別人「這道題目該怎麼做？」或「這個句子該怎麼修改？」被問的同學都會告訴她答案。所以，小敏「好問」是出了名的。但是，問題也很快顯現出來了，因為一到考試，小敏就傻眼了，好多題目都是似曾相識的感覺，可是她就是不知道該怎麼做。母親也發現，小敏好幾次問她的題目做法都與之前的差不多，但她還是不知道該如何解答。

這天，小敏背著書包表情嚴肅地回來了。她照舊回房間準備寫作業，但細心的母親已經看出了她有不開心的事，剛好自己也想和她好好談談，所以，她走進房間詢問小敏怎麼回事。

沒想到，小敏很自覺地拿出數學考卷遞給媽媽，上面有一個很顯眼的紅色分數——「39」。「老師說要妳在上面簽名。」她知道怎麼回事了，放下試卷，「小敏，妳很誠實，這一點很棒。其實我今天也想和妳聊聊。妳看，很多題目我們都是一起做的，我直接告訴了妳答案，這是我的錯；但從今天開始，我不幫妳想答案了，妳要自己想，好不好？」

「我知道了，媽媽。這次分數這麼低，妳要罵我就罵吧！以後我一定自己解題。」

父母為孩子「指路」未嘗不可，但要看用什麼樣的方式以及指的是什麼「路」，不管是在學習上，還是在生活中，直接告訴孩子答案的方式都是很不妥的，因為這是在剝奪孩子獨立思考的機會。當他們養成這樣的習慣之後，就懶得去思索解題的方法了，而只關注答案，不懂得什麼是思考，也不會想如何解決問題，失去了創新的想法。

狹義上來說，孩子可能在學習上或考試中難以獨立完成任務，不會思考和分析，找不到答案，影響升學成績；往更廣的層面看，孩子很容易在成人後形成強烈的依賴心理，凡事沒有主見，人云亦云，一生都難有大的作為。

下面是教育專家為家長提出的幾點建議：

第一，家長可以主動提出一些問題來，和孩子一起討論。

美國著名的物理學家理查．菲利普斯．費曼（Richard Phillips Feynman）曾獲得1965年諾貝爾物理學獎。之所以有這樣傲人的成就，其實與小時候父親對他進行的教育是分不開的。

他的父親很善於引導孩子獨立思考。有一回，他裝扮成外星人並問了費曼很多有關地球的問題，比如「為什麼有白天和黑夜之分？」「為什麼會有氣候與天氣變化的存在？」等等。用這樣的提問方式，費曼不僅特別感興趣，還從中學到許多有用的知識，更學會了如何去思考問題。

還有一次，父親帶費曼去博物館。在博物館裡他採用了類似的提問方式引起費曼的興趣，然後他要求費曼自己去查閱相關書籍，之後再對他進行提問。如果費曼還是不能理解，他會用孩子可以接受的語言進行講解。

就這樣，在父親的提問教育中，費曼學習的興趣和熱情被充分激發，最後對百科全書上的科學和數學產生了極大興趣。在費曼24歲的時候，他獲得了博士學位；28歲的時候在美國康乃爾大學擔任教授；47歲的時候獲得了諾貝爾物理學獎。

問題是思考的起點，只有當孩子有問題時才能迸發思考的火花。父母可以引導孩子提出問題，也可以主動提出一些問題，然後與孩子一起討論，啟發他們獨立思考。如果孩子向父母提出了問題，父母也不要急著告訴他們答案，而是要耐心地解釋和引導。

父母如果經常向孩子提出一些問題來，會使孩子的大腦時常處在活躍的思考狀態，用這樣的方式激發孩子的興趣，培養其獨立思考的能力。當然，在孩子思考的過程中，父母也應該提出一些開放性的問題，答案不要求固定和唯一，這有助於孩子擴散性思考的養成。

第二，千萬不要急著告訴孩子問題的正確答案，而是把尋找答案的過程留給孩子。在父母眼裡，孩子不管多大，都是他們眼中的小孩子，當孩子遇到難題，家長總是希望自己能夠出一份力。這種心情很好理解，但如果將眼光放得長遠一點，留一些困難給孩子，也未必不是好事。

聰明的父母會教給孩子解答問題的方法，而將尋找答案的過程留給孩子自己，讓他們在這樣的過程中學會獨立思考。譬如，母親發現家裡的電冰箱忽然故障了，可以啟發孩子去尋找問題所在，當孩子發現是因為插頭鬆動導致時，家長也要及時給予讚賞，「我正想找維修人員來家裡檢查，你就發現是電源問題，你是怎麼想到的？」孩子在發現問題的過程中累積了一定的經驗，也獲得了成就感，更培養了他們獨立思考的意識。

當然，在孩子一時之間難以找到答案時，父母也不要著急，可以採用示範的方式，透過查閱數據和反覆思索等方法，引導孩子學習思考和嘗試思考，養成習慣。

第三，用講故事的形式來啟發孩子獨立思考。

顧先生自從兒子顧思陽三歲的時候就開始說故事給他聽，寓言、真人真事都有涉及，每次在講故事的時候，他都會故意仔細敘述開頭和中間的高潮部分，而到了即將結尾的時候，卻總是「賣關子」，想讓兒子從已經聽到的內容中去想像故事的結局，有時候還會問：「你是怎麼想到這個結局的？」他甚至還會鼓勵兒子說出不同版本的結局，然後才會說出故事的真正結尾。他希望透過這些故事和方法來引導孩子學會獨立思考，這個習慣一直延續到兒子讀國中。

國二的暑假，顧思陽告訴顧先生說：「爸爸，我覺得我不該再向你伸手要錢了，這個暑假我要找份工作來做。」顧先生有點吃驚，回過神來之後才問：「你是說你要工作？不要我的錢了？」

「是的，爸爸。這個暑假我想用自己的錢來買衣服。」

「那好，我明天就想辦法幫你找份工作。」

「不，不是這樣的，我不需要你幫我找，我可以自己來。」

由於長期以來受到父親的訓練，顧思陽的思想已經完全變得獨立起來了，他第二天就開始在大街上檢視廣告欄裡的應徵啟事，還買來一些報紙，從中尋找應徵資訊。結果，顧思陽很快就找到了一份很適合自己的工作，並透過電話進行聯繫。對方要求他第二天早上九點去面試。

等顧思陽8點40分到達那裡的時候，早就有長長一隊人排隊等在了那裡，而他是這支隊伍裡的第15名。他擔心還沒等到自己面試時，那邊的人選就已經定下來了。「必須想個辦法才好。」思陽這樣想著，忽然心生一計：只見他掏出一個小本子和筆，在上面寫下了一句話，然後撕下來折得非常整齊，最後走到祕書的身邊，十分恭敬地對她說：「請馬上幫我把這張紙條轉交給妳老闆，非常緊急。」

這位祕書或許是看到了思陽身上散發出來的自信，和其他正在排隊的人相比，他的氣質非常出眾。所以，她十分爽快地答應了，還打開了小紙條，看完後笑著將它送到了老闆的面前。

這位老闆看完後也笑了起來，更感到欣喜，因為紙條上工整地寫著這樣一句話：「先生，我就排在隊伍中的第15位。在您沒有面試到我之前，請不要過早做決定。」最後，顧思陽被順利錄用了，這還要歸功於他愛思考的習慣。

可見，對孩子來說，培養其獨立思考的能力很重要。一個會獨立思考、會動腦筋的人一定會在關鍵時刻懂得如何抓住機遇。當然，除了講故事之外，父母還可以和孩子一起遊戲。小一點的孩子一般都比較喜歡玩遊戲，父母可以和孩子一起玩並在遊戲中注入益智因素，讓孩子在玩樂中學習動腦，促進其思維發展。孩子樂此不疲，便不會產生厭煩心理，讓孩子從小就養成獨立思考的習慣。

第四，保護孩子的好奇心，接受孩子的新奇想法。

有這樣一則小故事。江面上有一座橫跨東西方向的大橋，通過這座橋需要五分鐘；大橋的中間有個涼亭，每隔三分鐘都會從亭子裡面走出來一個看守員，一旦發現有人過橋便會加以阻止。

有一個很聰明的年輕人想到了一個過橋的好辦法：他由東向西走，走了兩分半鐘後就轉身往回走。看守員出來時會阻止他繼續前進，於是他再轉過身來繼續向西前進，這樣就成功地過了橋。

在這則小故事裡，如果按照常規思維來處理該問題，那一定是過不了橋的。所以，家長應該允許你的孩子有一些不符合常規的，甚至是有點「稀奇古怪」的想法，那是他們思維能力的展現；並經常鼓勵孩子多角度地考慮問題，給他們獨立思考的機會和空間。

每個孩子都是帶著好奇心來到這個世界上的，正是因為有好奇心，孩子才會經常發問，喜歡「探索」；但不少孩子卻因為好奇心太強而遭到父母的指責和打罵。事實上，有好奇心的孩子往往都是善於思考的孩子，他們就是因為腦子裡有太多的「為什麼」、「怎麼回事」，才會想要「一探究竟」。

所以，父母要用正確的方式去引導孩子，比如為他們講一些發明家的故事，傳授一些基本常識，遇到難題時要引導孩子多角度思考問題，拓寬思維，用合理的分析、整理、歸納、設想等新穎的方式去解決問題，而不是粗暴地加以干涉。

第五，鼓勵孩子發表自己的觀點。

鬧鬧從小就生活在一個非常民主的家庭裡，母親是中學教師，父親是大學教授。鬧鬧並不是如同他的名字一樣愛鬧的男孩，在父母為他營造的和諧、民主的家庭環境中，他活潑開朗，懂得適可而止，很有自己的主見。

在學校裡，老師都誇他聰明，思維活躍，勇於發言。而這其實都離不開父母的鼓勵，他們允許鬧鬧有自己的想法和意見，並鼓勵他大膽地說出來，想法好、有道理，他們會表揚鬧鬧；即使沒有道理，甚至是錯誤的，父母也不會批評他，而是在他說完之後予以適當的指導。所以，鬧鬧始終很自信，善於獨立思考，對於父母的意見不會盲從，但也不會過激地反抗。

心理學家認為，在壓抑環境中長大的孩子很難有自己的想法，即使有也不會輕易表達出來，思維受到父母的左右，容易盲從，難以養成獨立思考的習慣。大多數孩子不敢在父母面前表現自己，不敢在他們面前大膽表達自己的意見，多半都是擔心說得不恰當，遭到父母的責備，甚至有些孩子因想法長期遭到壓抑而做出一些衝動的行為。可見，家長不應該在這方面抑制孩子的能力，鼓勵他們發表自己的見解吧！當他們學會了對自己的問題和表述方式進行縝密的思考時，其實也就是獨立思考能力形成的重要表現。

第二節　不要過度保護你的孩子

在某大學中，曾經發生了這樣一件令人跌破眼鏡的事情。一位品學兼優、成績出類拔萃、即將畢業的物理系高材生被學校選為去美國名校繼續深造的唯一人選，但得知該消息的大學生卻一口回絕了。學校以為原因是家境問題，還承諾可以公費，但該生表示，拒絕的原因是自己離不開母親。為什麼？都是大學生了，為何還離不開母親？原來，該生不會洗衣服、不會自己做飯、不會購物、不懂得如何與人交往，大學四年都是母親定期來收衣服帶回去洗，然後再一起送過來。

顯而易見，這位大學生肯定是在父母的羽翼下長大的，從小就待在溫室裡，從來不知道「苦」為何味。

這讓我想起兩件發生在校園裡的事情。

在某小學內，有一位美國小女孩和一位亞洲小男孩在同一天患上了重感冒，導師打電話給他們的父母。亞洲小男孩的父親以最快的速度從公司搭車趕過來，將男孩帶走並送往最近的醫院；而美國女孩的父親卻說：「孩子的腳有什麼問題嗎？如果沒有的話，就請她自己回來。」

舉這個例子不是崇尚外國教育的成功，而是希望大家在對比中看到大多數家長在教育方面存在的不足之處。回到第一個例子上來，在被父母呵護、大事小事一切包辦的環境下成長的大學生，長大的或許只是他們的外表，而內心卻始終像個孩子一樣依賴著家長，依賴著家。心理學家認為，家長過度保護孩子，不捨得讓他們受到一點傷害，不忍心讓他們做一點家事。看似關愛的外表下，卻隱藏著危機，嚴重阻礙孩子的身心正常發展。

樂樂有一對非常愛他的父母，因為是父親的「老來子」，所以樂樂成了家裡的「小皇帝」，一直被捧在手心上。母親更是包攬了一切事務，包括孩子上學時該穿什麼顏色和款式的衣服，在學校交什麼樣的朋友等。

在樂樂三歲的時候，他們會對樂樂說：「別趴在地上，太髒了！」「別和說話沒禮貌的孩子來往，你會學壞的。」「你需要休息，你累了！」「現在該上廁所了，寶貝。」

在樂樂讀小學的時候，他們會說：「紅色不適合你。」「這道題目自己會做嗎？需要我幫你嗎？」「可樂瓶蓋交給我來開。」「你們班的那個王田同學家境不好，聽說也愛偷些小東西，別和他交朋友，記住了！」

在樂樂上高中的時候，他們這樣說：「我可憐的孩子，不用那麼努力地學習，看你都瘦了！」「如果女孩子要和你說話，最好趕快走開，我不希望你在學校談戀愛。」

在樂樂感冒的時候，他們會沒日沒夜地細心照料，在樂樂老師要求家長去學校一趟時，他們會緊張得不得了，常常小題大做……

最後，樂樂在考大學的前一個月因為打斷了另外一名同學的手臂，導致對方住院而被學校除名。問起樂樂打架的原因，他這樣說：「同學們都不喜歡我，說我性格怪異，還故意冷落我。我一時衝動就和他打架了，他越激我，我就越氣憤……我真的不是故意的。」

研究發現，在父母過分保護的環境下長大的孩子一般會出現以下幾個方面的問題：

一是獨立生活的能力差，不會自己處理家務，動作笨拙，舉止頗幼稚，難以料理個人生活。

二是較難社會化，無法與人和平相處，人際交往能力差，不會處理人情世故問題。

三是個性羞怯，甚至自卑，優柔寡斷。

四是容易出現負面情緒，陷入焦慮和憂鬱的情緒中難以自拔。

五是缺乏責任心和道德情感，嚴重的話還會出現較重的報復心理，甚至盲目的攻擊傾向。

由此可見，家長不應該為滿足自己愛的欲望，用愛來阻止孩子獲得獨立。案例中的樂樂正是由於父母的過度保護，失去了發展合群性的機會，性格孤僻，變得不知道如何討人喜歡，不懂得如何處理人際關係，更不懂得克制負面情緒。

事實上，在家中充當「小皇帝」、「小公主」的孩子們，在學校裡是得不到相等待遇的，由於不能適應環境，他們要麼變得沉默寡言、內向、孤僻，軟弱怕事，要麼就愛鑽牛角尖，追求完美。

當然，家長對孩子的過度保護也是因為愛。可是，這樣的愛很容易使孩子陷入依賴的境地，因為對家、對父母的依賴，孩子會受不了出遠門，無法獨自生活，不能獨立解決問題。這種種的「依賴行為」其實都是源自孩子內心強烈的依賴心理。

心理學家認為，當一個人發現自己處在依賴的狀態中時，除了有感激之情以外，更多的是挫敗感，認為自己沒有能力、沒有價值，有時還帶有怨恨和憤怒的情緒。如果家長了解了這一點，想必也會有種進退兩難的感覺，首先孩子沒有社會閱歷，太小或太年輕，很多事情都需要家長的指引，但出於愛的關懷和保護不但容易引起孩子的反抗心理，還會對孩子的健康成長造成隱患。

第三節

有一種愛叫「放手」

有些父母會抱怨孩子越來越難管，越來越不聽話了。可是事實上，孩子的不聽話有時候也是要求獨立的表現。獨立自主是健康人格的重要部分，影響到一個人的生活、學習、工作以及婚姻家庭的美滿。對於孩子而言，獨立是他們成長的需求，是生活和學習品質的重要影響因素，更關係到孩子今後的事業與人生。

當孩子對父母產生依賴感之後，會漸漸失去要求獨立的意識。要知道，孩子對父母的依賴並非與生俱來，如果父母對孩子的事情不是事事插手，不是樣樣都要管的話，孩子沒有了依靠的對象，便會自己動起手來。好比父母餵小寶貝吃飯，孩子由之前的順從變得抵制，他會將頭扭到一邊，伸手去搶父母手裡的湯匙或筷子。這個簡單的動作看起來沒有什麼，但實際上卻是要求獨立的訊號。

如果父母對該動作毫不理會，還是一直餵飯，那孩子也就失去了想自己吃飯的興趣了。而聰明的父母則會準備好摔不碎的碗，適合孩子使用的湯匙，還有比較安全的座椅，每到吃飯的時候，他們就將孩子放在座椅上，並在他的面前擺上已經準備好的飯菜，然後看著孩子自己一點點地將飯菜送進嘴裡。動作雖然不靈活，但孩子還是吃得津津有味。

著名教育學家陳鶴琴先生認為，只要是孩子想要自己去做的，就應該放手讓他們自己去做；只要是孩子能夠自己想到的，就應該讓他們自己去想。因而，只要父母肯適當地放開手，孩子的潛力就會被慢慢發掘，他們甚至會做出許多令父母感到欣慰和驚喜的事情來。

但是，家長的放手並不是直接撒手不管，也不是放棄對孩子的管教。另外，在轉變對孩子的教育方式的時候，不宜幅度過大，從一個極端跳向另一個極端。要考慮孩子的心理承受能力，循序漸進。

今年12歲的浩浩一直在家中過著富足的生活，父母曾經視其為「小皇帝」，幾乎到了唯命是從的地步。加上爺爺奶奶疼愛孫子，所以在家裡，「小皇帝」即使是要摘天上的月亮，家裡人也盡力滿足，這樣的溺愛讓浩浩享盡了「飯來張口，衣來伸手」的安逸。但隨著浩浩年齡的增長，父母發現浩浩對他們的依賴越來越強烈，過馬路一定要牽著媽媽的手，去參加學校的郊遊，他也要求帶媽媽一起去。夫妻倆意識到再這樣下去，浩浩連生活自理都會成為問題。

後來，在家人商議並一致同意下，浩浩的生活一下子由之前的「小皇帝」變成了「小乞丐」。父母對浩浩的所有要求都一律否決，他想要買一把衝鋒槍，父母不允許；他想要吃甜點，父母也不准；他想要買玩具，父母還是不答應。有一回，浩浩急了，他趴在爸爸的身上並伸手去掏錢，沒想到卻被父親打了一巴掌。浩浩深感委屈，以前那麼寵著他的父母現在卻變得嚴厲無比，連一些正當的要求都不滿足他。浩浩的心裡除了有委屈之外，還有不解和憤怒。終於有一天，他趁著父親不在家，悄悄走進他們的房間，將放在抽屜裡的 **200** 元拿走了。

拿到錢之後，浩浩第一時間就去蛋糕店買了兩盒蛋糕；吃完後又去玩具店買玩具，但因為錢不夠，浩浩只好回家了。浩浩暫停吵鬧了兩天，父母沒有發現兒子偷錢的事情，還以為兒子是得到了教訓，變乖了，卻沒想到浩浩已經開始第二次「偷錢」了，而這一次浩浩拿的是一張五百元的大鈔；接著，他還拿走了媽媽藏在床墊下面的存摺。

紙終究是包不住火的。浩浩「偷錢」的事被發現之後，思想保守的爺爺也覺得「這孩子該教訓」。就這樣，浩浩遭到了一頓暴打，一把鼻涕一把淚地向父母道歉。而這之後，浩浩變得沉默寡言了，也不再向父母提要求了，更不去親近他們了，經常在外面蹓躂，不回家吃飯。

有一次，浩浩碰到了一群社會上的「好人」。他們看浩浩捂著肚子，就買來一盒蛋糕給他吃，還誘騙他去搶路人的錢包。第一次去搶錢包的時候，對方是一個二十來歲的女孩，由於發現及時，浩浩並未得手，這個女孩看浩浩還小，就勸他趕緊回家去，別做錯事。後來兩次，對方也是覺得他小，不想計較，可是浩浩卻不知道悔改，直到有一天被巡視的警察發現並將他帶進了收容所。

浩浩的悲劇其實是一個家庭教育的悲劇，父母不該由一個溺愛的極端走向另一個嚴厲的極端。備受壓抑的浩浩內心充滿怨恨，加上年齡尚小，經不起誘惑，走上了一條錯的路。這個責任究竟該由誰來承擔呢？當然是父母。過分溺愛和過分嚴厲，對孩子來說都是不可接受的，所以，家長必須掌握好分寸，適當放手。不過，天下的父母都是愛孩子的，教育的機會每天都有，只要掌握一些技巧和方法，相信父母的適當放手會讓孩子變得更加健康和獨立。

那麼，家長對孩子的適當放手有哪些值得推薦的方法呢？需要注意什麼？

第一，讓孩子「自己來」。現今社會的獨生子女越來越多，即便不是獨生子女，生活條件也壞不到哪裡去，在物質方面都是比較富裕的一代，家長也對孩子疼愛有加，事事都要替孩子做，表面上是在愛孩子，其實卻是在剝奪他們自己動手的機會和責任。孩子也漸漸養成了嬌生慣養的習慣。

所以，家長應該多給孩子自己動手的機會，尊重他們想要「自己來」的意願，只要孩子自己能辦到的事情，就讓他們自己嘗試，這是學會成長和獨立的第一步。這樣一來，不僅給了孩子自由發展的空間，還可以讓他們從小就得到鍛鍊。有些智慧型的父母會在孩子學習走路時跌倒的瞬間，停頓幾秒鐘，讓孩子自己學習站起來；如果真的站不起來，才過去扶起孩子，而不是看孩子跌倒了立刻就上前扶，其實也是這個道理。

親子提示：詢問你的孩子「是需要可樂還是檸檬汁？」而不是說「我為你準備了一杯檸檬汁。」詢問你的孩子「你是打算現在就去睡覺，還是在沙發上再玩一會兒？」而不是說「你現在必須去睡覺了。」詢問你的孩子「你希望有一件藍色的上衣，還是白色的？或者你更喜歡其他的顏色？」而不是「我覺得藍色不適合你，白色比較好。」詢問你的孩子「你是打算考試前徹夜背書，還是提前做好準備，輕鬆上陣？」……

這些問題看似沒有必要，甚至被有些家長視為繁瑣的問題，卻是在給孩子掌控他們自己生活的機會和權利。在每一個小小的選擇中，由孩子自己做出的決定通常都不會帶給他們沮喪和不自由的感覺，而且還鍛鍊了他們自立的能力。

第二，給孩子多一點自由。父母的關心方式其實有很多，而且每個家長都有自己的方式。但是，有不少家長卻經常發現孩子在撒謊，比如，當他們問孩子：「今天又回來晚了，你去哪裡了？」「就是和同學在一起。」孩子明顯不想細答。「那你們都在做什麼？」家長繼續問。「沒做什麼。」孩子在用自己的方式拒絕回答。甚至還有些孩子採用撒謊的方式，他們會說：「我們一起在教室討論作業。」可是實際上，他們是去學校附近的溜冰場了。

可見，孩子撒謊有時候也是父母窮追不捨的追問所迫。此外，值得注意的是，身為父母也不要總是要求孩子除了上學時間之外，全部都待在家裡，這是不科學也是不實際的，因為這很容易造成孩子對家庭產生過多的依賴，不宜培養其獨立性。

親子提示：用沉默代替窮追不捨，用傾聽代替追問，用理解代替怪罪。沒有什麼會比智慧型的管教方式更有用了，當你摒棄了以往轟炸機似的追問之後，孩子會覺得自己擁有了最起碼的人身自由，得到了尊重的他們也會反過來尊重你的關心；而當你在孩子想說的時候選擇耐心傾聽，孩子也會更加願意與你交流。

但這並不是要求家長從此不再過問孩子的一切，該管的還是要管，但要選好恰當的時機以及考慮清楚你的詢問將會帶給孩子什麼。另外，鼓勵你的孩子獨立，也要多給他們接觸外界社會的機會，多給他們一點自由的空間。

專家建議，家長可以為孩子多介紹一些外界的資源。比如，生病了可以自己先去附近的醫院看醫生，不理解的難題可以去圖書館查閱數據，需要筆記本和筆的時候可以去文具店購買，想看電影可以找幾個比較要好的同學一起去等等。這些其實都是在鼓勵孩子學會自立，減少其對家庭和父母的依賴。

第三，適度地給孩子經歷挫敗的機會。家長們應該知道，生活不會永遠一帆風順，挫敗對每一個人來說都是一筆珍貴的財富，包括你的孩子。但是，當你把一切難做的事情都替孩子做了的時候，其實已經將這種經歷挫折的機會搶走了，孩子不經過努力便擁有了現成的果實，這會加重依賴感，也不利於孩子的成長。

所以，將那些對孩子來說有些難的事情交給他們，適度地給他們一些經歷挫敗的機會，在這個過程中，每一個細節都會為孩子帶來一種真實而平凡的教育。它們會教會孩子堅持、不放棄、不氣餒，體驗到透過自己的努力而獲得成功的喜悅，懂得做任何事情都需要努力的道理。但父母在為孩子創造這樣的機會時，也要考慮到孩子的接受能力，所謂「適度」，即是在家長眼裡普遍簡單而對孩子來說比較難，甚至是孩子從未嘗試過的事情。

親子提示：別說：「試試，很簡單。」萬一孩子沒有做好，他們會想「很簡單的事我也做不到」，從而產生自卑感；如果他們做得好，也會因為「很簡單」而沒有足夠的自豪感。所以，家長應該說：「試試看，這件事看起來沒有那麼簡單。」或者「試試看，這可能有點難。」這樣，即使孩子失敗了，他們也會因為這件事「有點難」而不那麼沮喪；如果成功了，他們則會因為這件事「有點難」而產生成就感，這是對他們莫大的鼓勵。

此外，在引導孩子嘗試一件他們從未嘗試過的事情時，要避免這樣說：「這件事對你來說可能不會那麼容易。」那孩子就會想：什麼是對我來說，難道對其他的同學來說就是容易的嗎？家長便在無意之間向孩子傳達了「你沒有足夠的能力」。這樣一來，孩子即使做成功了，也未必有喜悅之感。

當然，讓家長眼睜睜地看著孩子陷在困境裡確實很難，有些家長甚至做不到。所以，家長不妨給孩子一些建議，比如「你可以把衣服的領子往下拉一點，這樣或許更好些。」「有時候你可以先喝一點水，但不要吞下去，再用牙刷刷牙會更好一點。」「有時候你可以在拉好拉鍊之後將拉鍊頭放下來，這樣更不容易掉下來。」……這樣家長就保留了讓孩子自己動手的機會，也不至於讓自己不忍心。

值得注意的是，這裡在句子開頭加上「有時候」，主要是考慮到對孩子的努力的尊重。因為在家長給出提示之後，孩子如果依然失敗了，「有時候」會降低孩子的挫敗感，而父母在這個過程中也並不是完全不可以幫助孩子，但無論如何，都要講究一個

「適度原則」。父母主要是在培養孩子的責任感和獨立性，當發覺孩子很累、很需要關懷時，家長的幫助是愛的最好表現。

第四，當孩子有疑問時，不要急著宣布答案。這不僅僅是在孩子做作業時，家長不要直接告訴孩子題目的答案，而且在他們問「為什麼……」的時候，也要將思考問題的過程留給孩子。比如「為什麼太陽一定要從西邊下山？」「為什麼狗狗不可以發出貓咪的叫聲？」「為什麼你非要我去上學？」「為什麼我不能像藍精靈一樣變成藍色的？」這些問題想必很多家長都難以回答，既然如此，就不要急著回答你的孩子。

親子提示：教育專家認為，孩子在問問題的時候其實自己已經在思考了，所以家長不必急著作答。此時，家長可以反過來詢問：「我想知道你是怎麼想的？」或「你想知道是怎麼回事嗎？」或「那我們先來假設，如果你真的變成了藍精靈，你會怎麼辦？」……甚至還可以重複孩子的問題「那太陽究竟為什麼一定要從西邊下山呢？」「為什麼狗狗就不可以發出貓咪的叫聲？」當然，家長還應該鼓勵和讚賞孩子的好問、好思考，「你真的是問倒我了，我也不知道是怎麼回事，因為這個問題其實已經困擾了好多人。」用這樣的方式來引導孩子進一步思考和探索答案。

第五，當孩子向你表達願望時，不要潑冷水。孩子都是夢想家，他們會對未來和自己長大之後的事情充滿憧憬和嚮往，而且也願意和父母說，比如，「媽媽，我長大了要當科學家。」「爸爸，我將來一定要自己買輛車。」「老師，我以後想成為一名作家。」……孩子的夢想永遠都是最純真的，當我們小的時候其實也有過這些夢想，卻都隨著時間的推移和年齡的增長一變再變，最後完全不復存在了。因為現實生活中有太多因素會使得我們對夢想的實現感到失望。所以，當我們聽到自己的孩子這樣說時，是不是應該多點尊重和珍惜呢？

親子提示：

1.「爸爸，白雪公主的故事太棒了！我將來就要成為白雪公主。」
你應該說：「好啊，妳現在已經是白雪公主了，將來也一定會是的。」
不該說：「那是童話故事裡的人物，妳不可能成為白雪公主的。」

2.「我想擁有一個游泳池，裡面還有一隻海豚。」
你應該說：「噢，你希望有個游泳池，還要有一隻海豚在裡面。還有呢？」
不該說：「你現在連游泳都不會，況且蓋個游泳池可不是一件簡單的事。」

3.「媽媽，我長大了要當科學家。」

妳應該說：「你想當科學家啊！」（引導孩子談論自己的夢想。）

不該說：「那太遙遠了，你目前還是先把物理學好吧！」

……

總之，當孩子表達了願望和夢想時，家長應該讚賞和肯定，而不是向他們潑冷水，那樣會毀掉孩子的希望。我們有理由相信，一個從小就擁有夢想、大膽、能幹又獨立的孩子是由他／她的家長親手培養出來的，並且當他們成人之後，也會感激家長所做的這一切。

第四節 獨立的孩子早當家

每逢開學季，大學校園中都有一群新生背著行李，由家長陪著一起去學校報到。但是，在人潮中也有這樣一群少年，他們自己提著行李箱，肩上背著旅行包，獨自走進校園。這兩道風景給你的感受是什麼？

菁菁考取了大學，報到的這一天她隻身一人，看著周圍很多同學都是由家長陪著，她的心裡確實不好受，頓生離家和想家的感傷。菁菁從小就是一個很獨立的女孩，父母從小就教育她凡事自己動手，讀小學她就開始自己洗頭髮，大一點的時候就開始嘗試自己洗衣服、洗襪子，出門自己搭車、看地圖。父母總是認為，正因為是女生，所以才要從小培養她的獨立意識，長大後才不會那麼容易被困難打倒。

和菁菁一起結伴而行的是一個叫梁佳的女孩。從家鄉到學校，梁佳在火車上度過了一段她有生以來最漫長、也最興奮的旅途。她說她一點也不害怕，反而覺得很刺激，感謝父母給了她這個獨立旅行的機會。

梁佳和菁菁在校門口相識，兩個人決定結伴走進校園，並驚喜地發現兩人都是主修工商管理，而且還在同一個宿舍。她們說，以前都是在電視劇裡看到這種巧合的情節，沒想到現在卻發生在自己的身上。因此，兩個各自獨立的女孩在此時顯得分外惺惺相惜。

到了晚上，兩人一起去買了電話卡，都向家裡人報了平安，電話裡她們也戀戀不捨，但這種不捨遠遠抵不過對大學和對新生活的嚮往，父母囑咐她們常打電話回家，她們這才掛了電話。但是，在大一新生中，總會有那麼一群哭成「淚人兒」的孩子。梁佳和菁菁宿舍中就有一個女孩，她的父母白天送她來報到，到了晚上就出去住旅館了，可是這個女孩即使知道父母還在附近，卻依舊一直哭個不停。她說她很害怕，但問她怕什麼時，她竟然說：「我什麼都不會，以後誰幫我洗衣服、洗床單啊……」

大學是很多孩子夢寐以求的地方，寒窗苦讀十幾年，就是為了要上一所好大學，然後找到一份好點的工作，從此過上自力更生的生活。這是每一個希望透過讀書找到人生出路的人最為普遍的願望。父母也應該看到，大學其實是你的孩子正式踏入社會的前奏，獨立的孩子在大學校園中會遊刃有餘，而無法獨立的孩子到了大學裡就難以生存。你們的愛究竟會為孩子的未來帶來什麼影響，這完全由你們自己決定。

有這樣一則寓言故事。

一位老翁在河邊垂釣，遠處走來兩個年輕人，他們很羨慕這位老翁魚簍中的大鯉魚，鮮活而又金光閃耀。其中一個自認為很聰明的年輕人就說：「老大爺，我看您的大魚真是太好看了，我很想得到牠。」於是，老翁就將自己簍裡的大鯉魚送給了那個年輕人。而另外一個比較遲鈍的年輕人則說：「老大爺，您垂釣的技藝實在是太神了，我很想得到它。」於是，老翁就要求他坐下來，然後平心靜氣地學習垂釣。

幾十年之後，當年的兩個年輕人都即將成為老翁。唯一不同的是，當年的那個自以為很聰明的年輕人如今只會享受現成的一切，而不會自己去努力，最終一事無成；當年的那個比較遲鈍，卻願意坐下來和老翁一起學習垂釣的年輕人，後來憑藉著垂釣的技藝和吃苦耐勞的精神，自食其力，最後成為了一個富有並且備受大家敬重的商人。

寓言中的自以為聰明的年輕人目光短淺，他只看到眼前的魚，而看似遲鈍的年輕人卻是真正的大智若愚者，他明白想要得到大魚就要先把釣魚的技藝學到手，這樣他才會獲得源源不盡的大魚。這就是「授人以魚，不如授人以漁」的道理。即比起直接給他一條魚，傳授給他釣魚的技藝會使他今後獲得更多的魚。換句話說，家長在教育孩子的過程中，直接「包辦」和「代勞」都不是明智的做法，只有教會你的孩子如何去單獨完成一件事情，他們才會學會自立，並在日後學以致用，用自己的雙手去獲得更多。

嶽莎莎是一位年輕的單身母親，她五年前和丈夫離婚，獨自帶著一個四歲的女兒。和丈夫離婚的原因也是當今社會一個非常普遍的現象，即外遇。和許多女性處理問題的方式一樣，她選擇堅強，並於一個月後提出離婚。離婚時丈夫幾乎是淨身出戶，莎莎說這是為了女兒，為了給她一個很好的成長環境。

我們暫且不談莎莎本身的婚姻問題，單就她的教育方式而論，其實這是許多母親做不到的。

在她的女兒蝶兒兩歲的時候，她喜歡將玩具擺在地上，並且弄得到處都是。對於這一點，莎莎從不斥責，而是先任由她胡亂擺放，然後再要求蝶兒將玩具撿起來，因為這是在告訴孩子，玩的時候可以盡情地玩，但是在該負責的時候就要負起責任來。後來，令莎莎吃驚的一幕出現了，兩歲的蝶兒居然將玩具全部都撿起來，放在了整理箱裡，並且擺放得整整齊齊。

孩子將家裡弄得亂七八糟，這一點恐怕是很多父母親都難以接受的事情，因為他們一方面認為這樣由著孩子亂來不好，另一方面是因為這種亂七八糟的場面最後還是要家長自己來收拾。因此，他們多半都會告誡孩子，「這個不許動，那個也不許亂摸」，只允許家中乾淨整潔。但事實上，越是這樣要求，孩子就越是變本加厲；家長越跟著收拾殘局，孩子就越是長不大。

這就好比一位精明能幹的領導者，他╲她不會擔心局面失控，因為他╲她講的是規矩和責任，只要懂得規矩和責任，局面就不會失去控制。因此，莎莎非但是一位出色的母親，說她是一位有領袖風範的管理者，其實一點也不為過。

在蝶兒四歲生日的那天，她決定要自己做點什麼事。想了半天，她忽然仰起小臉對莎莎說：「媽媽，我要把我們菜園裡的南瓜賣給鄰居。」莎莎十分驚訝，這怎麼可以？她想賣多少錢一個？鄰居願意買嗎？再說自己菜園裡的南瓜很小，超市裡的大南瓜多的是，也許別人根本就不需要……這些問題一股腦地湧進莎莎的腦袋裡，但她只是想了想，卻沒有說出來，而是微笑著點頭應允了。

蝶兒顯然很興奮，她跑到菜園裡摘了一個南瓜，不一會兒又去摘了一個……大約一個小時之後，蝶兒回來了，她很開心地對莎莎說：「媽媽，鄰居的阿姨說我像童話故事裡的小紅帽。」原來，蝶兒是戴著莎莎送給她的小紅帽去賣南瓜的，並且成功地將南瓜賣給了鄰居。

教育專家認為，家長給孩子的教育是什麼，將來孩子也會變成什麼樣。所以，智慧型的家長給孩子智慧的教育，將來孩子也會朝著智慧的方向發展。成長是每一個人必經的歷程，獨立其實是成長的第一步，而獨立需要從小就開始培養，家長不應該做阻礙孩子成長的絆腳石。給你的孩子足夠的成長空間，讓他們自己向前走；為你的孩子創造條件，讓他們自己去經歷磨練；在你的孩子身處困境時，先由他們自己去戰勝；在你的孩子面臨衝突時，要讓他們自己去解決……

第五章

心理教育——關注孩子的心靈成長

孩子的心理健康主要是指其合理的需求和願望得到滿足之後，情緒、社會化等方面所展現出來的一種比較良好的心理狀態。當心理狀態良好時，孩子會對自己感到滿意；情緒也十分愉快、活潑；適應力好；並且人際關係融洽、和諧；個人的聰明才智能夠得到比較充分的發揮。但是，當孩子的心理狀態不好時，家長是否注意到孩子的明顯變化？當家長整天都在關心分數時，是否想到孩子的內心感受？孩子的自信心從何而來？家長是否有義務為孩子的心理健康儲備財富？

第一節 做孩子稚嫩心靈的守護者

◇一、當孩子的「心理顧問」

據說，在英國的學校中，有一類人他們既不是學生的父母，也不是老師，更不是所謂的朋友知己，卻在學生最需要的時候給予心理支持和鼓勵，他們就是「心理顧問」。這類「心理顧問」專門替那些愛逃學的孩子做心理輔導。通常情況下，老師總是拿那些愛逃學的學生沒辦法，打電話給他們的家長也無濟於事，因為孩子會說「我討厭學校，討厭XX老師。」

「心理顧問」就是在這個時候出現的，他們會鼓勵孩子：「不會像你想像得那樣糟糕，我會幫你去和老師好好談談的。」於是，很多孩子就在「心理顧問」的心理疏導和勸解下，逐漸放下了對學校或老師的對抗意識。

可見，孩子需要的是一個傾心交談的「中間人」，而這個人可能既不是老師，也不是父母。

事實上，不僅是孩子們，在成年人的世界裡，當雙方出現矛盾時，也需要有個「中間人」來做調解。譬如，下屬與上司之間出現矛盾，此時為了不影響大局，可能雙方都有必要找個「中間人」來為他們做心理疏導，緩解緊張局面。當然，這個「中間人」並不是絕對的，有的可以是算命先生，有的可以是心理醫生，也有的是文學讀物，還有不少人會透過一些娛樂性質的活動來消除自己的煩惱。

而對於這些既沒有條件去找心理醫生或算命先生，也不能借助娛樂項目去消除煩惱的孩子們來說，他們需要的其實正是一個能夠站在第三者的角度上看問題、與自己談心、聽自己訴說的「中間人」。在英國，這樣的人並不需要什麼權威證書，只要善於傾聽、能夠站在第三者的角度上客觀地分析問題就可以了——他們其實並不用做什麼，但他們確實能夠造成「破解寒冰」的作用。

一個學生和學校之間的矛盾，能夠透過一個稱職的「中間人」來消解。那麼，在一個家庭中也是如此。譬如，孩子被父親嚴厲地指責，而母親就不可以再火上澆油了，最好是充當一個「中間人」來和孩子交談，因為孩子此時已經遭受了父親的責罵，心靈脆弱，母親的關懷如果恰到好處，他們會很願意說出心理話。

在這種情況下，孩子接受的教育並非源自責罵他的一方，而是真正願意和他交流的那個人。換句話說就是，孩子會在這樣的談話中學習到很多東西，並且樂於開啟心扉。反過來，當母親生氣時，父親應該做的也一樣。實際上，這就是所謂「黑臉和白臉」。

教育專家建議，家長要當孩子的「心理顧問」，這有助於了解和關注孩子的內心世界，也可以及時地解決家庭內部矛盾。有些家長在發怒時會毫不客氣地朝孩子發洩一通，指責孩子一大堆不是，而被指責過後的孩子卻只能自己躲在角落裡默默流淚，沒有人可以訴說。這種粗暴的做法完全忽略了孩子的內心感受。

心理學家認為，不管是父母哪一方發脾氣，另外一方都要擔任「心理顧問」的角色，站在第三方的角度上，客觀分析並為孩子留下一條退路。當一方找到孩子，表示願意聽孩子解釋時，其實也是在做說客，因為被批評之後的孩子需要有個人來幫助自己消化不良情緒——「能和我說說你的想法嗎？你這樣做肯定有自己的原因。」「如果你能一開始就這樣做的話，我想你母親一定不會誤解你的。」「不要太在意這些了，我相信你會越來越好的。」「爸爸也是為了你好，如果你再這樣，連我都要指責你了。」

◇二、蹲下來，聽聽你的孩子在說什麼

阿美上了一天的班，身心俱疲，她很想立刻回到家，洗個熱水澡，躺在大床上休息一下。但是，她還要去學校接兒子。沒辦法，阿美振奮了一下精神，趕緊騎車來到了兒子的學校門口，周圍等待的家長還真不少。不久，校門開了，學生們陸陸續續從裡面走了出來，但阿美始終沒見到兒子。

大約十分鐘之後，才見到兒子慢悠悠地走出來。阿美這下氣得不行，這麼大老遠地來接他，他居然還這麼一副無所謂的樣子。「你怎麼回事？別的小朋友都出來了，你怎麼這麼久才出來？想急死我嗎？」兒子忽然遭到母親劈頭蓋臉的責備，原本看到母親時閃亮的眼神一下子就黯淡了。

阿美似乎也沒打算讓兒子回答問題，載上兒子就趕緊趕回家了。路上，兒子喊了兩

聲「媽媽」，但阿美都沒有聽到，或者她是在想別的事情。等快到家的時候，阿美才回過神來，問：「你說什麼？」「沒什麼。」兒子低著頭。到了社區樓下，阿美去放腳踏車，沒想到兒子卻不見了。

焦急萬分的阿美趕緊打電話給丈夫，說兒子趁自己鎖車的空檔不知道跑哪裡去了。丈夫安慰她說：「妳先別急，回家看看，說不定他就在家門口。」阿美又匆匆地上樓，可是門口卻並不見兒子的影子。阿美這下真的慌了，她很後悔自己剛才因為煩躁而責罵孩子，但又生氣孩子怎麼脾氣這麼大，說他兩句就鬧起彆扭來。

於是，她叫回了正在公司加班的丈夫，又找來幾個鄰居，幾個人分頭行動。後來，阿美騎車在剛才經過的路上，看到了站在路邊等待紅綠燈的兒子。

兒子找到了，阿美很生氣，但更多的是放下了一顆懸著的心。回到家後，阿美質問兒子為什麼一聲不響地溜走了，自己去了哪裡。丈夫也覺得兒子有點過分，但他沒有質問，而是蹲在兒子的面前，問道：「你知不知道爸爸媽媽都很為你擔心啊？看，你媽媽都急哭了。」兒子此時才抬起淚汪汪的眼睛，委屈地說：「我知道，對不起……老師讓我換新的作業本，說不能在本子的背面上寫作業……我剛才是去文具店買作業本了……

但是我沒帶錢……」

兒子的一番話深深刺痛了阿美，她想起在路上兒子曾經喊過她，但她卻忽視了……還有在校園門口，自己不分青紅皂白地訓斥兒子，一切其實都是因為自己的原因，兒子又沒有錯……想到這裡，阿美對兒子說：「是媽媽不對，媽媽以後再也不會這樣了。但你也要答應我們，以後不許亂跑了，別讓我們為你擔心，好不好？」兒子點點頭，用手抹了一把眼淚。「那我們是現在就去買作業本，還是吃完飯才去呢？」「現在就去吧！」

這件事之後，阿美就意識到自己在教育孩子方面存在的不足，她不應該將自己的心情發洩到孩子身上，更不該不分青紅皂白地指責孩子；尤其是在和丈夫進行一番溝通之後，阿美開始關注孩子的心理變化，比如當她胡亂地指責孩子之後，孩子會是什麼樣的心理反應和情緒變化；而且她也發現，有時候放下身段、傾聽孩子的心事，比一千遍的說教要有用和重要得多。

有些時候，家長的某些粗暴行為或態度真的會傷害到孩子幼小的心靈，因為孩子也有一顆渴望被理解和被傾聽的心。而身為家長，要如何開啟孩子的心門，傾聽孩子的心聲呢？在這則小故事裡，或許細心的家長已經注意到了，當阿美指責孩子到處亂跑時，其丈夫，也就是孩子的父親卻選擇壓住火氣，蹲下來詢問孩子的心事。就是這個細節，值得我們思考。

許多家長都在抱怨，現在的孩子不僅難管，而且還不願意與大人交流。真的是這樣嗎?有沒有想過孩子為什麼會不願意和大人交流呢?究其原因，或許其中一個關鍵因素就是孩子需要心的交流，而家長卻很少關注這一點，因為他們關注的大多都是孩子的考試分數，孩子在學校的表現，而對其心理健康卻極少注意。

心理學家認為，聽清楚孩子的內心發出的聲音之後，家長會了解孩子一切行為背後的心理原因，而孩子也在這個過程中感受到了來自父母的關愛和尊重以及整個家庭的溫馨氛圍，進而更願意和父母親近，然後才樂意將心裡的想法說給父母聽。或者說，這其實是個良性循環的過程。

那麼，家長應該怎樣關注孩子的心理、傾聽他們的心聲呢?正如這則小故事中的細節一樣，蹲下來，聽聽孩子的內心究竟在說什麼。也就是說，家長應該在必要的時候放下家長的身分，放低姿態，與孩子站在平等的位置上進行對話，讓孩子覺得你理解並尊重他們的所有感受；並告訴孩子你的想法和感受，盡量用鼓勵或者是說理來代替責罵。只有這樣，孩子才願意表達，才樂意和父母進行交流；也只有走進了孩子的心靈世界，家長們才能找到孩子不當行為的癥結所在。

◇三、看準與孩子談心的契機

家長和孩子的談心，其實在某種程度上就是在進行思想和心靈的交流。正如上文所說，家長只有真正當了孩子的「心理顧問」，走進了孩子的世界，才能真正地了解孩子和他們內心所想。心理學家認為，人的思維和語言是密切連繫的，思維借助於語言而實現，而語言則是思維的直接表現，是人與人之間最為直接的思想交流。家長可以透過談心的方式來直接掌握孩子的思想動態和心理狀態，幫助孩子排憂解難，幫助他們處理生活和學習上可能會遇到的心理麻煩。

那麼，家長要如何與孩子談心呢？需要注意哪些技巧呢？

第一，處理好關係，在融洽的氛圍中談話。如果家長與子女之間的親情關係良好，那進行思想交流就不難。很多父母在平日裡極少與子女進行心靈和思想上的溝通，一旦出現了問題就責備孩子，或者在自己心情不佳時，孩子的一點不當行為都能夠將他們惹怒。久而久之，孩子便會疏遠父母，心理距離也會越來越大，甚至出現反抗心理。而在這樣的感情狀況下，家長要求與孩子交談，其實是不會有什麼效果的。所以，家長應該為談話營造氛圍，製造出一種和諧的氣氛之後再交談。

第二，針對典型事件，抓住談話機會。在日常生活中，孩子身邊會出現很多事情，家長如果及時得知，尤其是一些比較典型的、具有代表性的事件，一定要抓住機會給孩子以啟發。譬如，班親會之後，孩子通常都會很期待與父母之間的談話，抓住這個機會，可以了解到孩子的很多情況。

囡囡在讀高中的時候，每次開完班親會之後，她都會懷著十分忐忑的心情等待著母親說話，平時她對學校的學習不夠重視，考試成績經常出現明顯下滑和波動。有一次，囡囡的期中考試成績再次列入班級倒數，班親會之後，她很想知道老師都和母親說了什麼。

母親當然也不會放過這次好好和她談談的機會。她沒有指責，也沒有打罵，而是說：「這次班親會令我感到很難為情，當老師唸到妳的分數時，我真的太懊惱了。是我平時對妳關心不夠，但不管怎樣，我都一直相信妳，希望妳夠努力，對學習用點心，期末考試爭口氣回來。」

囡囡確實已經意識到了自己的不對，所以，她很感激母親沒有責罵她並且給了她足夠的尊重。那次之後，囡囡努力多了，期末考試雖然不是排在前幾名，但和之前相比，她確實進步了很多。

娜娜在高一的時候遭到同校男生的圍堵，最後甚至企圖非禮她，好在娜娜的同伴及時趕到，威脅對方說要報警，才替娜娜解了圍。事後，娜娜一直感到害怕，想向學校反映，又擔心遭到報復。於是，她把這件事和母親說了。

母親得知之後很嚴肅地告訴她，遇到這樣的情況要智取並引導和啟發娜娜如何去應付這類事件；而且，這位母親抓住了這次談話的機會，將很多娜娜之前不知道的保護自己的方法都教給了她，增強了娜娜的自我保護意識。不久，在母親的鼓勵下，娜娜向老師反映了這件事，問題也得到了及時、有效的處理。

可見，抓住典型事件對孩子進行談話或教育，會比其他時候更容易被孩子接受。

第三，目的明確，有的放矢。家長在和孩子談話時，切忌模稜兩可，一定要有明確的主題性。比如，要針對孩子的什麼想法、哪些行為問題，要幫孩子解決哪些問題等，都要胸有成竹，圍繞著本次談話的主題與孩子展開雙向交流。既要傾聽孩子的想法，又要將自己的觀點和意見表達清楚。假如在談話中碰到敏感類話題，譬如孩子生理方面的問題、父母感情問題等，也盡量不要迴避，可以用雙方都能接受的方式表達。

第四，態度誠懇、親切，避免戒備心理。家長在和子女談話時，要注意態度是否誠懇、親切，這樣才能更容易被接受，孩子也才樂於展開談話，因為父母的一些慣用語可能會加重孩子的戒備心理。譬如「我們該好好談談了」，會讓孩子感覺你準備訓話；「你這樣是不對的，讓我來告訴你」，會讓孩子感覺你在用教育者的口吻說話，平等地位一下子就被扭轉了。

假如一不小心出現了對立情緒，家長可以用「冷處理」來控制局面，暫時停止談話，或者由其他的事件說起，緩和一下現場的氣氛。此外，當孩子主動表示想和你談談時，可以放下手上的工作，把時間交給孩子；千萬不要說「我很忙，改天再聊」之類的話，這樣就失去了一個珍貴的談心機會，並且孩子對父母的信任度也會降低。

第五，使用恰當的談話方式。孩子的性格特點，父母應該很清楚，所以，在談話的過程中要注意方式和方法，用孩子可以接受的口吻和恰當的談話方式。譬如，最常見的敘述方式有順敘法、倒敘法、間接敘述法。

順敘就是按照某件事情的發展順序敘述，父母可以直接向孩子表達期望，孩子也可以直接向父母說出想法，簡單又有效率；

倒敘法一般適用於說理性比較強的談話場合，父母由事件的某一結果引申出談話內容，漸漸進入說理模式，引導孩子思考前因後果，並啟發他們今後該怎樣做等；

而間接敘述法通常是借助一個小故事、一則寓言、一段名人名言、一個案例等，以此來引起孩子談話的興趣，之後再順勢將話題引到談話的主題上，這樣孩子就不會太排斥。

第六，語言要精練，不可過於繁冗，時間不能太長。一般情況下，孩子都是討厭繁瑣和嘮叨的，父母沒完沒了的說教只會降低孩子的耐心，最後變得煩躁。家長在和孩子談話的過程中要使用簡明扼要的語言，點到為止，不可過於重複和強調，時間也要把握好，不要像老師拖延下課一樣；有時候還可以使用比較幽默一點的語言來調節氣氛，增強談話的效果。

總之，家長要想經常與孩子坐下來談心，就要掌握技巧，因為談話並非訓話，幾乎所有的孩子都對訓話難以容忍；談話的目的重在思想和心靈上的交流，是引導孩子說出自己的心理話，並適當地將自己的意見和勸誡灌輸給孩子，而不是家長自己的獨角戲。

第二節 培養孩子的自信心

男孩出生在一個貧困家庭中，父母勉強供他上學，可是家裡卻經常沒飯吃，所以男孩也會經常餓著肚子去上課；在學校裡，他常常因為貧窮和軟弱而被其他同學欺負，小小年紀的他就開始自卑起來。

當然，這一切都被他的老師看在眼裡。善良的老師希望幫助他，但又不想傷害他的自尊。後來，有一次學校舉辦了一年一度的「戶外教育」，老師帶著全班同學一起去了一家水果罐頭工廠，然後說：「同學們，今天我們在這裡一起來比賽刷瓶子，看看誰能夠拿到第一名。」

小男孩一聽到「第一名」，心裡就「咯噔」一下，因為他從來都沒有得到過第一名，於是，他在心裡暗暗下定決心：既然不能在學校裡拿到第一名，那就在動手能力上拿第一，一定要讓老師和同學們看看，我並不是一無是處的。

在老師說完「開始」之後，同學們都十分努力地刷著，並漸漸弄清楚了清洗程序，小男孩更是特別賣力。在大家都覺得很累的時候，會停下來休息一會兒，只有小男孩堅持著，一刻也不肯放鬆。就這樣，一整天的時間下來，小男孩一直在不停地刷著，一雙小手還脫皮了。累但卻充滿著歡樂。

最後，小男孩總共清洗了108個瓶子，是全班刷得最多的同學，順理成章地拿到了老師口中的「第一名」，也是他人生當中的第一個「第一名」。男孩忘記了手上的傷，也忘記了自己是怎樣度過這一天的，只是在心裡一遍又一遍地重複著「第一名」，然後悄悄地流下了眼淚。老師也當場表揚了小男孩，並充滿慈愛和信心地說：「以後不管做什麼事，都要相信自己，只要努力了，就一定會成功。」

這件事之後，小男孩慢慢收起了自卑，不再覺得自己比不上別的同學，而是挺起胸膛，把眼光投向了更遠的地方，看到了他以前從未發現的美好，學習成績也有了非常明顯的進步，還被評為「班級最優秀學生」。

當這個小男孩四十歲的時候，他已經在電腦領域裡擁有了屬於自己的一片天空——電腦自然語言處理領域裡最為出色的科學家之一。他，其實就是微軟亞洲研究院的主任研究員——周明。

從一個自卑的小男孩，到現在充滿自信和成就的大男人，一切都是因為自信。一個人在其人生道路上究竟能夠走多遠，在人生的階梯上能爬多高，在事業上能取得多大的成就，自信是主要動力，是關鍵力量。自信是一個人能力的支柱，沒有自信的人永遠只會彎著腰、駝著背走路，而一個充滿自信的人就不一樣，他會昂首挺胸，過關斬將，找到能夠開啟生命潛能的鑰匙。充滿自信的人不一定都能夠成功，但沒有自信，就永遠不會成功。

因此，家長應該明白，家不僅是孩子避風雨的港灣，也應當成為他們學習如何去乘風破浪的課堂，你們能夠給孩子的遠比你們想像的要多。

教育專家認為，自信心是一個人從小就具備的心理品格，家長要擔負起培養孩子自信心的責任。那麼，家長要如何去幫助孩子樹立自信心呢？自信心的培養和確立需要多方面的因素。美國心理學家經過大量的實驗研究和追蹤調查，對已為人父人母的人們提出了以下幾點建議，供愛子心切的家長們參考：

第一，家長要把賞識教育作為教育孩子的主導方法。以讚賞和鼓勵為主，批評、糾正為輔的教育方式，即賞識教育，這在前文中已有重點講述。心理學家認為，孩子對自己的認知通常與父母的評價相連繫，尤其是在孩子的幼年時代，家長的評價將直接影響孩子的自信心理。

如果家長認為，教育孩子就是要不斷地指出他們的不足和缺點，然後孩子才會有所改正，才會越來越好。那麼，運用這種教育方式得到的結果也會遠遠達不到家長的預期。因為每一個在生命之初的孩子，都不知道自己是什麼樣的人，唯獨透過父母及其他人的評價來了解自己。這個時候，培養他們的自信心尤為重要，特別是他們的父母給出什麼樣的評價就會讓孩子變成什麼樣⋯⋯鼓勵和讚賞讓孩子更加相信自己，而批評和指責往往使孩子感到自己很無能，久而久之就自卑起來。

小羽四歲的時候，媽媽就讓她自己穿衣服了，當時小羽還不願意，撅起了小嘴。但媽媽沒有說：「妳如果願意自己穿衣服，我等一下就去幫妳買蛋糕。」而是說：「我覺得妳已經長大了，能夠自己穿衣服了，妳覺得呢？」在這樣的提示下，小羽開始努力嘗試，並在學會穿第一件衣服時確實感到自己長大了很多。從此，她也會搶著幫媽媽拖地，還堅定地說：「我長大了，我什麼都可以做了。」然後母親也會誇獎她：「小羽真棒，看！地板比媽媽擦得都乾淨。」而不是指指點點，批評女兒拖得不乾淨。

可見，父母的評價對孩子的心理影響至關重要。當然，在對孩子的言行做出鼓勵和讚賞時，應該避免陷入兩個失誤：一是言語間的嘲諷。孩子也很敏感，你的話是發自真心，還是嘲諷，他們往往能夠感受得到。如果他們感到的是諷刺，要比直接批評和責罵更容易打擊到孩子。二是讚賞過度。家長過於頻繁地誇獎孩子，會使他們產生驕傲的情緒，最後不是自信了，反而是自負。

第二，為孩子創造機會，在實踐中培養孩子的自信心。心理學家認為，要培養孩子的自信心，需要讓孩子經常置身於獲得成功的體驗中，而過分的失敗經驗只會令孩子對自己的能力產生懷疑。當孩子經過自己的努力獲得成功時，他們的自豪感和成就感是建立自信心的基礎。

所以，家長在日常生活中多提供孩子一些動手勞動的機會，比如幫忙擺放碗筷，幫媽媽拿圍裙，幫奶奶拿眼鏡，出門讓孩子幫忙拿著一個輕點的塑膠袋等，在這些簡單的小事中培養孩子的動手能力和自信心；當然，有時候還可以將一些有難度的事情交給孩子來完成，譬如，讓孩子整理自己的床鋪，自己洗襪子，讓孩子根據顏色分類來整理毛線團等。當孩子做到了時，要給予及時的表揚，增強孩子的自信心。

另外，家長或老師應該根據孩子不同的個性特徵，提出適合其能力的任務或要求，確定一個恰當的目標來作為孩子努力的標準。而對那些缺乏自信心的孩子，家長或老師要給予特殊的關注，同時也要特別小心，並善於去發現那些孩子自己都未曾發現的亮點，發揚優點，以其長，克其短，逐漸培養其自信心。

第三，不要總拿別的小朋友和自己的孩子做比較。不少家長都有做比較的習慣，「你看鄰居的小強，期末考試人家考了全班第一名，還拿了獎狀回家。你呢？」「張軍家的孩子真是懂事，媽媽不在家的時候他都會自己做飯，要是你呢？肯定就知道在家吃泡麵。」家長試圖用這樣的比較方法讓孩子學習人家的優點，看到自己的缺點，激發孩子的上進心。殊不知，這樣的做法只會使孩子更加反感，產生叛逆心理。

心理學家認為，拿別的小朋友和自己的孩子做比較，對孩子來說，他們很容易產生自己不如他人的自我評價，嚴重時還會看不起自己，感到灰心喪氣；甚至還會激起孩子的嫉妒心理，孩子在一心嫉妒他人時，不僅不會意識到自己的不足之處，還會分散其學習的精力；此外，即便這樣的做法激發了孩子向別人學習的欲望，但盲目學習會使孩子失掉自己的個性特徵，成為其他孩子的複製品。在這種情況下，孩子就很難再趕上和超過其他孩子了，最終將失去自信，變得自卑起來。

所以，家長首先要有一雙善於發現孩子身上亮點的眼睛，鼓勵孩子發揚優點，維持自己的個性特徵；其次還要採用正確的說理方式，比如想讓孩子知道張軍家的兒子在母親不在的時候自己做飯，可以直接將這件事說給孩子聽，而不是一定要把自己的孩子與對方放在一起做比較。

第四，冷靜對待和處理孩子的失敗。在學習方面，孩子不可能每一次都取得好成績或考第一名，在孩子考試失敗或遇到其他挫折時，他們需要的是父母的理解，而不是一頓劈頭蓋臉的責罵，或者是陰陽怪氣的諷刺，也不是父母無原則的安慰、同情，而是身邊最重要的人的理解、鼓勵和信任。

因此，為了孩子的自信心著想，家長應該冷靜，想想在人的一生中，經歷失敗和挫折是常事，何況是孩子。等自己的情緒平復了之後，再理智地看待孩子的失敗，平心靜氣地與孩子交談，和他們一起總結失敗的原因和教訓，幫助孩子進步。同時，家長也有必要告訴孩子，失敗與挫折乃人生必經的歷程，是成功不可或缺的步驟，並表示自己會一直支持和相信他們。此時，家長的信心無疑是孩子最大的動力。

第三節 沒有比堅持更有意義的事

竺可楨是中國著名的氣象學家、地理學家，也是中國近代氣象事業創始人之一。在他剛出生時，父親見他白白胖胖的，就叫他「兆熊」，平時就叫「阿熊」。但這是小名，應該有個好的學名才是。於是，父親找來私塾的先生，經過一番商量，最後決定為「阿熊」取名「可楨」。「楨」字有兩種寓意，一是堅實的木頭，二是楨幹，即古時候建築土牆時使用的木柱。可見，父親為孩子取名「可楨」，其實是希望他將來能成為為國家做貢獻的棟梁之才。

在可楨一歲半的時候，父親就開始教他讀書、識字、寫字，而可楨每次都能不負父親的期望，做得非常好。有一天，父親出門辦事，無法監督可楨練習，出門之前他還刻意囑咐孩子「今天放假」。但正在母親懷裡吃奶的小可楨一聽這話，不願意了，一下子爬起來拉住父親，非要父親陪他練習完了再走。無奈，父親只好留下來陪孩子練習。

看來，可楨在很小的時候就養成了堅持的好習慣，不願意中斷一天。到了3歲的時候，可楨已經認識了很多國字了，並且還能夠背誦出許多唐詩。

從小就愛好學習的他，也非常愛動腦筋。遇到下雨天，他就會趴在窗戶邊上看天空，看天上的雨點掉在地上，甚至還會聚精會神地數由屋簷上滴落下來的水滴的數量。忽然，他的小眼睛一下子被門前的一排小小的水坑吸引住了，他又抬頭看了看，發現水滴從上往下正好滴在這些小水坑裡。愛動腦筋的可楨很疑惑，他想不明白這是為什麼。於是，他跑進屋裡詢問正在做家務的母親。

聽到兒子的發問，她放下了手上的工作，耐心地向可楨解釋道：「孩子，你問得真好。這就是『水滴石穿』呀，你看那一個個的小坑都是被一滴滴的雨滴落下來滴成的。一滴水當然沒有那麼厲害，但許許多多的水滴日復一日地堅持下去，就將原本平滑的地面滴成了小坑。」

可楨的眼光忽然一閃，似乎正在思考，此時，母親又趁勢說：「其實，讀書、識字、寫字、做事……不管是什麼事情，都是這個道理，只要堅持，持之以恆，最終都會有所成就。」

這之後，「水滴石穿」就成了可楨的座右銘。他能夠取得後來的成就，成為父親期望中的為國家貢獻的棟梁，其中一大關鍵因素就是在於他的持之以恆。「水滴石穿」的精神讓他有了克服一切困難的勇氣，最終獲得成功。

很顯然，父母從小給孩子的教育很可能會影響其一生。人人都渴望成功，父母更希望自己的孩子將來有一番作為，但成功並不是每個人都能做到的，缺乏堅持的毅力，再有能力的人也難以取得最後的成功。所以，家長要從小培養孩子的毅力。那麼，家長在日常生活中應該如何培養孩子的毅力呢？

某小學曾舉辦「插秧」活動，但卻很少有學生堅持到最後。老師在不滿學生行為的同時，要求學生在活動結束後，每個人回家都要寫一篇關於「插秧」營的作文，主要是寫出自己在「插秧」過程中的心情變化。結果，在閱讀孩子們的作文時，老師發現，即使是堅持到最後的學生，他們也經歷了一段想要放棄的痛苦的心理掙扎過程，同時也找到了孩子們難以堅持下去的真正原因。

原來，在學生們的眼中，「插秧」是一項「使我厭倦、讓我很掙扎」的活動。很多孩子都從一開始的新鮮和歡樂，變為不斷重複時的厭倦，再到努力之後仍舊失敗的無奈和煩躁。大部分學生表示，當時很想放棄，但又想到周圍還有很多同學在做，老師也在監督，所以，只好陷入一種無法堅持、想放棄，但又不得不堅持的心理掙扎中。不過，那些堅持到最後的同學也在作文中說明，雖然經歷了那麼一段痛苦的掙扎，但還是因為堅持下來了而感到自豪和快樂，因為他們征服了那個想要放棄的自己。

在這個案例中，我們不難發現，孩子們之所以厭倦是因為事情總是做不好，難以從中體會到樂趣；而孩子們會掙扎是因為大家都在努力著，身邊還有人在陪伴，不願輕易放棄……了解了孩子們的心理特徵之後，家長也就找到了培養孩子毅力的方法和技巧。

心理學家建議，家長應該在全面掌握了孩子面對事情時不同階段的心理變化特徵的基礎上，細心觀察、耐心地分析並給予孩子及時的指導和幫助，才有可能更為科學、有效地讀懂孩子的行為和提升孩子的堅持力。具體如下：

首先，分配給孩子的任務要難度適宜。任務太多、太難都會使孩子感到厭倦，因為無法體驗到其中的樂趣，更不能感受到成功的喜悅，孩子自然就會產生抗拒心理或者乾脆直接放棄。因此，家長在分配任務時，要考慮到孩子的接受能力，如果是一些難度較大的任務，可以幫孩子分解成一個個的小任務，這樣當孩子完成了其中一個小目標時，就會產生成就感；此時，家長再適當給一些鼓勵和表揚，相信孩子會堅持下去。長此以往，也就養成了堅持的習慣，掌握了分解目標的方法。

其次，父母要以身作則。教育專家認為，家長的一言一行在相當程度上會直接影響孩子做事的態度。所以，家長要培養孩子的堅持力，首先要保證自己做到了堅持，父母有堅持力才能培養出有恆心、有毅力的孩子。

再次，適當監督。研究發現，大多數情況下，人們在圖書館一類的地方看書時效率要遠遠高出自己獨處時的效率。事實上，多個人在身邊監督，確實能夠造成提升效率的作用。因此，家長不妨適當地對孩子加以監督。比如，孩子做作業時不能專心，東摸摸，西看看，結果兩三個小時都做不完，這個時候家長可以站出來監督孩子。如果家長今天要求孩子花一個小時寫完作業並予以監督，明天又在提完要求時忘記了監督孩子，後天乾脆完全忘記了這件事，那麼，要培養孩子的毅力就成了一句空話。

最後，向孩子提出要求時語氣要堅定。家長提要求時表情嚴肅、語氣堅定，會讓孩子了解到這是一件非常重要的事，不能隨便應付，這就代替了不停地嘮叨，造成強調的作用。注意，千萬不要在孩子選擇放棄的時候採取粗暴的手段，而是要耐心教導，最好是了解清楚孩子在做這件事時的心理變化。

當然，家長也可以像竺可楨的父母那樣，抓住生活中的典型事例，向孩子講解堅持的原理和重要性，充分利用各種機會，培養孩子的毅力。

第四節　為孩子儲備「人生財富」

社會競爭越激烈，人們就需要具備更高的心理素養和能力，沒有哪一個人的一生會一帆風順，也沒有哪一個人天生就是成功者。在如今社會不斷進步和發展的今天，成人世界裡的競爭越來越猛烈，校園競爭似乎也不輸給社會競爭，孩子的學習負擔變得更重了，壓力也變大了。

近幾年來，發生在校園裡的林林總總的學生自殺或他殺事件屢見不鮮，當人們都在感慨和惋惜時，也有人發現了隱藏在這些事件背後的「真凶」——心理素養。不良的心理素養是導致無數少年走上不歸路的主要凶手。

家長們應該意識到，孩子的健康成長與快樂是世界上任何事物都代替不了和換取不來的，或許你認為孩子還小，現在還沒有必要培養什麼心理素養，但你想要等到什麼時候呢？良好心理素養的培養不是一天兩天的事，它需要長期的習慣養成和心態的保持。所以，從現在起就開始關注你的孩子的心理健康吧，要知道，人生路上的最大財富莫過於一份積極向上的心態。

1860年代，波蘭的一座美麗的小鎮上有一個漂亮、聰穎的女孩誕生並生活在那裡。父母為她取名瑪麗，但小瑪麗的家庭並不富裕，在十歲的那年母親離她而去，父親因反對俄國沙皇霸占波蘭而被迫離職。小瑪麗的家一下子陷入困境，她的學業難以維持，身體也越來越不好，最後只得回家休養。

在休養的一年時間內，小瑪麗每天都堅持學習，不肯放棄學業。但她周圍的環境實在是太糟糕了，很多小孩子嬉戲打鬧，這使得她難以專心看書。不得已，她只好用手指將兩邊的耳朵堵住，這樣就不會被那些聲音干擾了。可是，小瑪麗也因此被其他的同伴們排擠，大家覺得她不合群，便決定一起「捉弄」瑪麗。

於是，小女孩們悄悄地搬來三把椅子，並在瑪麗的背後搭起了一個「三腳架」，這樣只要瑪麗稍稍一動彈，「三腳架」就會立即倒下來，並吵到瑪麗，使她不能安心讀書。擺放好了「三腳架」之後，小女孩們就躲在一邊等著看好戲。但是，好久之後，瑪麗都沒有動彈，「三腳架」自然也就沒有像她們預期中的那樣影響到瑪麗。正在失望的時候，瑪麗忽然抬起頭來，準備拿另外一本書看。結果，這一動彈剛好觸碰到「三腳架」，其中一把椅子還倒下來，砸在瑪麗的肩膀上了。

此時，躲在一邊的小女孩們高興極了，一起歡呼雀躍起來。但小瑪麗卻沒有如她們預期中的那樣生氣，或者走過來找她們理論，反而看著她們笑了笑，之後拿起一本書走進了另外一個房間，繼續看起書來。

小瑪麗的心態實在令人佩服，不管處在什麼樣的境遇和環境下，她都以一種十分平和的心態去應對。在她的一生中，曾兩度獲得諾貝爾獎。也正是這種積極心態使她成了舉世聞名的人物——法國籍波蘭裔物理學家、化學家，世界著名科學家，鐳元素的發現者——居禮夫人。

我們有理由相信，一個心態積極、健康的人總是能夠樂觀地面對其人生中的風風雨雨，積極地應對生活和事業上種種挫敗和逆境。可以說，擁有了這種積極心態，在這個世界上就沒有什麼事情能將其輕易打倒了。

身為父母，應該將這種心態教給自己的孩子們。美國艾爾．菲克恩在其《無條件養育》一書中指出，教育孩子應該從孩子自身出發。這一點是非常重要的，因為很多家長盲目地要求孩子這個要優秀，那個也要出色，卻從來不會考慮一下孩子自身的接受條件，這樣就很容易導致教育的失敗。

譬如，你將自家的孩子和鄰居的同齡孩子做比較，發現自家的孩子有很多不足的地方，此時，千萬不可在孩子的面前做這樣的比較，也不要用指責和打擊的口吻說給孩子聽。家長應該保持一種平和的心態，接受自己孩子本來的樣子，然後才能在此基礎上給予其最好的教育。換句話說，家長要想培養孩子積極、樂觀的心態，首先就要從自身做起，採用積極、樂觀的教育、處事方式，這樣孩子便耳濡目染，逐漸養成相同的心態和習慣。

艾森豪威爾（Dwight David Eisenhower）的母親出身於貧寒人家，小時候並沒有讀過多少書，但她卻是個很開明、悟性高又善於思考的女子，以往的經歷使她懂得並堅信，要想獲得社會的承認，就一定要自己努力，社會不會沒有理由地厚待一個人，當然也不會無緣無故地排斥一個肯努力、肯上進的人。

所以，她希望艾森豪威爾將來能夠透過自己的努力向社會證明，他是值得被厚遇的。在艾森豪威爾很小的時候，她就開始培養其積極向上的心態；而艾森豪威爾也特別感激母親為他所做的一切，在這樣的教誨中逐漸成長為一位有名的軍事家和政治家。

有一次，艾森豪威爾看到媽媽拿著一籃子蘋果，裡面有紅有綠，蘋果的大小也各不相同，其中有一個又大又紅的蘋果，艾森豪威爾非常想要。而此時，母親就說：「孩子們，看到門外的草坪沒有，那裡已經很久沒有修剪了。現在你們每人負責一塊，看誰完成得最好，這個又大又紅的蘋果就歸誰了。」

孩子們一起去修剪草坪並且都非常認真。最後，艾森豪威爾獲得了那個又大又紅的蘋果。這件事情帶給他的影響很大，甚至影響了艾森豪威爾的一生，使他意識到，只有積極爭取，比別人做得更多，才能獲得更多。可以說，母親透過這件事也傳授給了艾森豪威爾一筆珍貴的人生財富——積極向上的心態是實現自身價值的關鍵。

不懂得積極爭取的孩子，對於自己想要得到的東西永遠都只能遠觀，他們會感嘆自己沒有價值，怨天尤人；或者得過且過，沒有過多的欲望；或者心理脆弱不堪，不能承受任何挫折和打擊，否則就一蹶不振、對人生充滿了悲觀和絕望的情緒；還可能面對一點點的小成就就洋洋自得，驕傲自滿，不求上進等。身為父母，除了為孩子提供一定的物質基礎之外，更重要的是培養孩子樂觀積極的心態，形成健全的個性。

小故事裡的艾森豪威爾的母親從小就注重培養兒子的積極心態，鼓勵他積極地面對一切問題，從而為艾森豪威爾儲備了他成功人生的基礎「財富」——有了這種積極心態，不管今後遇到什麼樣的事情，艾森豪威爾都能夠積極應對，面對自己想要的東西，他也會採用積極的手段去爭取。

家長要想培養孩子的健康心態，應該採用情景教育的方式，即順勢而為、自然貼切地引導，而不是一些空洞的說理和生硬的強加。譬如，抓住生活中的小事，使孩子產生積極奮進的情緒體驗，然後再去影響他們的心理、動機、理想，乃至世界觀等的形成，進而影響孩子善惡觀、榮譽感、義務、良心、幸福等道德情感的發展。當然，家長也要注意對孩子的一些消極傾向給予及時的關注，不可聽之任之，更不能不問青紅皂白地強勢打壓，因為這會傷害孩子的感情，對培養其健康心態沒有任何積極意義。

那麼，家長應該如何來培養孩子的積極心態呢？

1.為孩子提供機會，引導他們體驗獲得成功的樂趣。可以像艾森豪威爾的母親一樣，替孩子製造機會，讓孩子在完成任務之後體會獲得成功的愉悅心情。特別是稍大一點的孩子，更要在這方面加強培養。

2.當發現孩子面對問題畏縮不前時，不要試圖採用激將法。有些家長發現孩子不夠積極勇敢時，往往試圖用激將法來激發孩子的勇氣和鬥志，其實這種做法是不妥當的。教育專家認為，如果想要孩子積極勇敢地去面對某件事，家長應該帶領著孩子一起去完成這項任務。這樣有助於克服孩子內心的恐懼感，只有當恐懼感徹底消除了，孩子才能真的變得勇敢起來。

有一個小男孩自小就排斥毛絨玩具，一看到毛絨的小貓或小狗之類的東西就躲得遠遠的，因此，他也不允許家長在他的房間裡擺放任何毛絨玩具。男孩的母親試圖糾正孩子的這種心理，但又找不到更好的辦法。後來，她嘗試著在自己的房間裡擺放毛絨玩具，各種可愛的小貓、小狗、小熊，有的時候，她還會隨身帶著，用自己的行動來告訴兒子：我很喜歡這些毛絨玩具。

過了一段時間，小男孩不像之前那樣排斥了，甚至在他高興的時候還會和母親搶著要那些玩具玩，而母親也會故意做出不情願的樣子，小男孩見狀似乎更加喜歡那些玩具了。後來，透過這位母親的努力，小男孩不再害怕毛絨玩具，也嘗試著像母親一樣抱著它們睡覺。

3.為孩子創造更多接觸新鮮事物的機會。孩子對新鮮事物的恐懼感其實源自他們未曾嘗試，要想克服這一點，就要為孩子創造更多可以接觸新鮮事物的機會，接觸並了解了，便不會再有恐懼感，除非孩子是真的不喜歡。而事實上，孩子與我們成年人不同，他們對某樣東西的喜歡或不喜歡並沒有十分清晰的意識和判斷，只要讓孩子消除了恐懼感，一切就都會變得簡單。

4.關注孩子的情緒。有人說，從一個孩子那裡發出的笑聲才是真正的笑聲，因為那是一種毫無雜念的、純粹的快樂。可見，一個笑著的孩子肯定是快樂的，肯定也是懂得體驗快樂的人。家長不應該讓一個孩子失去笑聲，笑著就意味著一種積極樂觀的心態，並且在他們成年之後會明白，笑其實也是在困境面前的一種態度。

因此，家長要在日常生活中關注孩子的情緒變化，幫助他們消除不良的情緒體驗，盡快恢復愉悅的狀態。假如孩子犯了錯誤，家長可以給予嚴厲的批評，但要速戰速決，不要把這件事經常拿出來說；在孩子認錯之後，家長也要盡快轉換情緒，不要再以指責的態度和孩子說話。當孩子表現不佳時，家長切忌打罵，必須以尊重孩子的人格為前提，就事論事，講道理，激發孩子的積極情緒。總之，家長要在一些日常小事上用溫和的態度和行為去影響孩子，正確疏導他們的負面情緒。

當然，孩子的樂觀情緒也離不開家庭環境的影響。家長自身的積極心態和家庭環境中的積極氛圍，都會潛移默化地影響孩子的情緒，對培養孩子的積極心態有非常重要的作用。

第六章
解決問題——達成合作的協定

孩子不聽話？家長很煩惱。教育並不是一件容易的事，家長在面對孩子為自己準備的種種難題時，是不是感覺很無奈？覺得自己根本沒有足夠的能力去管教孩子？其實，要想讓孩子聽話，需要講究技巧，「硬碰硬」的教育方式不可取。本章將為家長們詳細介紹讓孩子乖乖「聽話」的技巧和方法。

第一節

——孩子「不聽話」，家長要先調整心態——

或許每一位家長都深有感觸：自己越是想要樹立威信，希望自己說的話、發出去的命令能夠對孩子有用，但事實上，孩子卻經常與他們作對，要麼哭鬧不停，要麼直接頂嘴，甚至稍有不如意就大發脾氣。家長在被孩子折騰得頭昏腦脹時，也感到無可奈何，各種方法都用盡了，孩子不是越來越聽話了，而是越來越難管，越來越不把父母的話放在心上了。

可以說，孩子的「不聽話」幾乎成了所有家長的煩惱之一。那麼，面對孩子的「不聽話」，父母究竟該怎麼辦呢？實際上，面對孩子的不聽話，家長應該保持心平氣和的態度，不要急著去糾正孩子的言行，而是要先去審視隱藏在孩子「不聽話」行為背後的心理原因。

◇一、正確看待兒童早期「不聽話」的行為

今年兩歲的小悅活潑可愛，長著一雙水靈靈的大眼睛，人人看見了都誇她可愛、機靈。可是小悅的媽媽就不這麼認為，在她眼裡，女兒的可愛、機靈有時候純粹是一種「胡鬧」，比如有一回，媽媽要她幫忙把地上的玩具收起來，她不僅偏不這麼做，還將衣櫃裡的衣服全部拿到了床上，最後看著媽媽無奈的樣子，她伸伸舌頭，得意地笑了。

再如，早上小悅的媽媽趕著去上班，小悅的「胡鬧」本領就又啟動了，媽媽這邊幫她把鞋帶繫好了，她那邊就悄悄地脫下鞋子；媽媽這邊對她說不要亂跑，她那邊就又將整理好的床單拉扯下來，還把沙發上的靠墊擺在地上，上面「坐」著她的洋娃娃……

更令小悅母親感到擔憂的是，女兒這段時間對打火機特別感興趣，她只要發現家裡有這東西，就一定要擺弄一下……因此，小悅的母親現在不得不「嚴加防範」，稍不留意，小悅就很可能一溜煙跑去那些「危險的禁區」了。

其實，隨著孩子年齡的增長，他們的體格也在迅速發展，孩子的身體活動能力正在逐漸成熟，這時就特別渴望擴大自己獨立活動的空間。因此，就想對一些自己從未接觸

過或感到新奇的東西進行不斷的嘗試。但這對於家長來說是不可接受的，他們會阻止和限制孩子去做這些嘗試，當然，孩子在遭到限制之後就會產生不滿與逆反的情緒，接著就會與家長「唱反調」，出現「不聽話」的行為。

小悅的「不聽話」其實也是出於這樣的心理，她原本只是想擁有更多的運動空間和機會，這裡擺弄一番，那裡摸摸捏捏，想透過這樣的方式獲得感性經驗，卻被其母親一次次阻攔，久而久之，小悅便被母親刺激出了更強的好奇心和反抗心理，一旦有機會便會再次嘗試。

當然，這類「不聽話」行為一般出現在兩歲以後的寶寶身上。如果父母不理解這類行為背後的心理特徵，盲目阻攔、訓斥，甚至是打罵，把它們歸結為不聽話，就很容易引起孩子的不滿情緒，嚴重時會影響親子關係。

可見，孩子在早期出現的「不聽話」行為和兒童時期的「不聽話」行為，在本質上是不同的，家長要採用科學的方法來應對：

首先，理解並尊重寶寶探索新鮮事物的好奇心理。心理學家認為，寶寶開始出現「不聽話」，其實是其建立自信心和自尊心的第一步，他們渴望獲得更多的成長空間。

家長在這個時候應該努力解讀孩子的心理特徵，在其想要自己做點什麼時，不要急著阻攔，而不妨滿足一下他們的合理需求，並在一邊給予指導和幫助。

如果寶寶對某些危險物品非常好奇，家長越是阻止，他們就越感興趣，此時最好是為孩子提供一些替代品，並設定一定的規則，直接告訴他們哪些東西是他們暫時不能觸碰的，哪些東西需要等到他們長大了之後才能觸碰等。這樣，當寶寶感覺到自己被尊重和信任時，內心的愉悅感和成就感會促使其變得「聽話」。

其次，採用有效的方式來轉移寶寶的注意力。在保證其遠離危險物品的前提下，給予孩子充分的探索空間，主動為孩子提供一些有趣的玩具，以此來吸引和轉移寶寶的注意力。譬如，當孩子對桌子上的玻璃杯很感興趣時，不能粗暴地加以制止，此時最好給他／她一塊透明的水晶並帶其去另外一個房間裡，陪其一起玩耍。平時，還可以提供孩子一些結構性玩具，使其在拼拼湊湊和拆拆解解中得到好奇心的滿足。

再次，用孩子可以接受的語言和他們交流。心理學家指出，家長用什麼樣的方式與孩子交流，將直接影響他們的行為表現。譬如，父母經常命令孩子「不要把水灑在報紙上了」、「不要摘花朵」、「不要打碎玻璃杯了」等等，使用「不要……」之類的句子通常只會加劇孩子的好奇心，增強其逆反的心理。所以，家長可以這樣說「報紙上的文章媽媽很愛看，保持清潔哦。」「看那花兒多鮮豔啊，讓它長在那裡，我們就可以天天看到了。」「玻璃很脆弱，你要保護好它。」

◇二、辯證地看待孩子的「不聽話」

經常「不聽話」的孩子就一定不好嗎？「聽話」的孩子就完全好嗎？想必在大多數父母的眼中，「聽話」往往就是孩子完全遵守父母制定的規則和要求，而「不聽話」就是和父母過不去和作對的表現。事實上，只要家長仔細分析，就會發現其實孩子並非一定要和父母「過不去」，主要是其自尊心的需求沒有得到相應的滿足。也就是說，孩子的「不聽話」在本質上是具有兩面性的。

就其負面影響來說，「不聽話」行為會直接導致孩子形成不良的心理和個性特徵。

1.以自我為中心。他們往往不尊重自己的父母，考慮問題時也會以自己的感受為前提，從不會去考慮其他人的意見；假如家長就此遷就他們，長此以往，孩子就會養成比較自我的習慣，事事都要以自我為中心。

2.自私自利。一個習慣了以自我為中心的人，也就很難聽得進去規勸和他人的意見，在利益面前，他們會變得更加自我，進而養成自私自利的個性特徵。

3.成績下降。父母希望孩子成績好，將來上一所好點的大學；但如果孩子「不聽話」的話，也就不會遵照父母的意願，貪玩的年齡缺少自我克制，加上父母也管不了，孩子自然就很難好好學習了。

4.結交不良的夥伴。在孩子年紀小的時候，家長往往都會告訴他們應該和什麼樣的人交往，避免上當受騙，但孩子通常不會去理會這些，只跟著自己的感覺去交友；甚至這種出於關愛的勸誡，還很可能引起「不聽話」的孩子的逆反行為，「你們讓我不要和這些人交往，我偏不聽！」於是，當孩子結交到一些不良朋友時，也會被影響，嚴重的時候還會誤入歧途。

而就其積極意義來說，「不聽話」的孩子也有其他孩子難以具備的優勢。

1.堅強的勇氣和毅力。歐美國家曾經針對兒童教育進行了研究，發現頑皮、不聽話、好反抗的孩子通常都比較堅強，他們具備的勇氣和意志力是其家長意想不到的。也正因此，孩子們才有更加堅定的立場和強烈的意願去做自己認為合理的事情。

此外，德國心理學家海瑟也曾做了一項跟蹤調查，對象是一百名具有反抗意識和不具備反抗意識的孩子，直到這些孩子在數年之後都成長為一群青年。經調查發現：在當年有強烈反抗意識的孩子中，有85%都成長為意志力堅強、有敏銳判斷力的人；而在當年不具備強烈反抗意識的孩子中，只有24%的人意志堅強或有一定的判斷力，而其他的人多半具有較強的依賴性。

2.有創造性。心理學家認為，孩子的某些「出格」行為其實是因為在孩子的大腦中沒有成人世界中的框架，思維活躍。家長應該保護和尊重孩子的「出格」，激發其創造力，因為在孩子的眼裡，世界是獨特的，想像力豐富的他們似乎總是可以做出許多大人們意想不到的事情，只要不是違背道德倫理和觸犯法律的事情，家長都不應該輕易地採用粗暴手段去干涉。

比如，這些「不聽話」的孩子可能會畫出綠色的太陽、藍色的草莓，甚至還會故意將水灑在地上，然後自己用海綿去一點點地吸……假如家長阻止孩子去嘗試自己感興趣的事情，也就相當於扼殺了他們的創造力和想像力。所以，在孩子還小的時候，允許他們「淘氣」和「不聽話」吧！讓孩子們自由地去遐想、創造、嘗試，未嘗不是一件好事。

顯然，身為父母，需要有更多的耐心和信心去包容與引導自己的孩子，不要輕易地用「不聽話」來為孩子下定義，因為「不」字本身就帶有否定意味，孩子容易從中察覺否定訊息，影響自信心的培養。再加上家長的正確引導和教育，便會使「不聽話」的孩子的優點得到充分發揮，進而是孩子成長為獨立、堅強、自信的人，為以後的人生打好基礎。

總之，當孩子出現「不聽話」行為時，家長應該看到問題的兩面性，一方面尋找其中的消極因素，一定不可聽之任之，放任自流；另外一方面也要看到其中的積極因素，盡量保護好它們並幫助孩子充分發揮其優勢。

第二節

孩子反抗時，家長要找好對策

毛毛最近變得特別貪玩了，他經常在媽媽做好了晚飯時說自己不餓，不管家人怎麼哄，毛毛就是不吃。後來，他的爸爸威脅他說：「你要是再不吃，以後就別想出去和同伴們一起玩遊戲了！」毛毛聽了很委屈，他撲進媽媽的懷裡，準備撒嬌一番，但媽媽也不吃他這套，直接命令他趕緊吃飯。結果毛毛最後是吃飯了，但整頓飯下來，毛毛一句話都沒說，臉上掛著眼淚，父母和他說話，他也不理會。

但這次的經歷似乎並不會對第二天的生活產生任何影響，毛毛照舊在吃飯的時候說不餓，而當父親採用同樣的方式威脅他時，毛毛抬眼看了看他，還是繼續玩自己的遊戲；父親見不管用，又說：「你信不信我把你的玩具都丟出去！？」毛毛停下來了，但還是不吭聲地待在原地。

最後，毛毛的爸爸忍不住了，上前揪住毛毛的衣服，將他拖出了房間。當然，這個過程中充斥著毛毛的哭喊聲。就這樣，每到吃飯的時間，就是毛毛和父母「大戰」的時候，家裡充滿了火藥味。

面對這類情況，父母究竟應該怎麼辦才好？教育專家認為，威脅孩子或粗暴地將孩子抓到飯桌前，都不能有效地解決問題，同時還會傷害到孩子的自尊心，影響親子關係。譬如，家長威脅說要把孩子的玩具丟掉，除非家長真的把那些玩具都扔了，否則這樣的威脅只會降低父母的威信；而強行將孩子抓到飯桌上的做法實在是欠妥的，輕則無法發揮作用，重則激發親子矛盾，只會讓孩子越來越不聽話。

因此，針對上述案例中的情況，專家建議家長採用以下兩種近似於心理策略的方式。

1.與孩子約定。在孩子玩遊戲或出門和同伴們玩耍之前，家長要和孩子做一個約定，比如「我們同意你玩遊戲，但到了吃飯的時間就好好吃飯，好不好？」孩子點頭同意，然後父母再說：「如果不能遵守我們的約定怎麼辦？」向孩子提出違反約定之後應

該接受的懲罰措施，當然，也不要忘了，在孩子遵守約定之後給予及時的獎勵。這樣，在事先就有了約定的情況下，孩子在玩耍的過程中就會對吃飯這件事有一定的心理預期，避免在其玩得正興奮時，父母「突然」要求其吃飯而產生抗拒情緒。

2.與孩子商量，允許其再玩五分鐘。譬如，毛毛的父母可以這樣說：「現在是吃飯的時間了，但如果你還想玩，那就再玩五分鐘，再過來吃飯，怎麼樣？」這樣就給了毛毛一個心理緩衝期；同時，孩子聽到這樣的話，會感覺家長重視自己的感受，自然就會變得聽話了。

3.讚賞孩子。譬如，毛毛的家長還可以這樣說：「我知道你玩魔術方塊很厲害，比我們都厲害。這樣，你再玩兩個回合，然後就過來吃飯，好嗎？爸爸媽媽都在等你呢！」

欣欣4歲的時候就經常對父母的行為感到不解和生氣，甚至會做出一些反抗行為。有一回，她試圖用吃飯的湯匙在飯碗上敲出好聽的節奏（因為她在電視上看到有人用筷子和碗演奏出了好聽的樂曲），卻被母親一把奪走了她手裡的湯匙，接著是父親的訓斥：「吃飯的時候不好好吃，要不就別吃了！」欣欣怔住了，大概過了半分鐘，欣欣氣鼓鼓地放下飯碗，「不吃就不吃！」然後便自己躲進房間裡，把房門鎖了起來。下面是她的「反抗宣言」：

我又不是Baby了，我很能幹，我知道我在做什麼！

你們不能這樣限制我！我也有我自己的想法。

我只是想試試，為什麼一定要阻止我？

你要是總對我說「NO」，我就不可能按照你說的去做！

我真的很難讓自己的手閒著，不動一下肯定是不行的！

我不想做不乖的孩子，但如果你不讓我這樣，我可會賴在地上打滾的！

我喜歡音樂，那樣（用湯匙敲擊飯碗）真的很好聽，你幹嘛要搶走我的湯匙！

我就要跳上跳下，我喜歡！為什麼要管著我！？

如果你老是命令我快點吃飯，我可是要推掉它的——飯灑在地板上，我知道你肯定又要罵我，可我就偏要！

別讓我變成壞孩子！

……

一個四歲的孩子，懂得生氣了，也懂得如何去反抗父母了。而在成年人看來，孩子這是「不乖」、「不聽話」的表現，但事實上，在這個四歲孩子的「反抗宣言」中，我們已經看到，孩子的反抗其實是在維護自己所需要的「利益」，她對父母阻止自己嘗試的行為感到不解，並試圖反抗。

或許這個四歲小欣欣的故事也是很多家長共同的煩惱和難題，家長總是期望孩子能夠按照自己說的做，並且也確實有很多事情必須讓孩子自己來做了；但如果等著孩子自願表示和父母合作，似乎是不太可能的事情。因此，家長要有一種科學有效的教育方法，方法對了，才能改變孩子的行為，讓孩子乖乖地與自己合作。家長一旦找到了這種教育方式，便會驚喜地發現，和孩子一起相處的時光再也不會像之前那樣無奈而氣惱了，而是非常享受。

可見，家長應該先正視孩子的「不聽話」以及他們所做出的反抗行為，然後再積極地鼓勵孩子與自己合作，降低反抗。當然，這需要有足夠的耐心和堅持不懈的毅力。在此基礎之上，可以從以下幾點著手：

首先，分析孩子反抗行為背後的真實原因。發現孩子在反抗自己時，家長不能因一時氣憤就做出衝動行為，首先應該冷靜，分析孩子反抗行為背後的原因。心理學家認為，三歲的幼兒如果不反抗，就不是正常的兒童，這主要是孩子自我意識在逐漸增強，處於心理逆反的階段。

也就是說，從三歲開始，孩子就已經有自己的判斷意識了，並且擁有了屬於自己的精神世界，因此他們會渴望表達出來，卻經常被父母用責罵和阻止的行為壓制住了。所以，孩子會用自己的方式表示抗議，在此期間，孩子一般都會對父母的「囑咐」、「命令」、「交代」等說「不」，即使是一些他們自身也比較喜歡的事情，由於反抗意識的發展，他們也會「故意」說「不」，反抗行為非常強烈。

在孩子的眼裡，父母是在與自己「作對」，太多的「不要這樣……」、「不要那樣……」這些成年人世界裡的規範對孩子來說就是一種殘忍的限制。因而，當孩子的欲求得不到滿足時，便會哭、嚷、生氣等；此時，孩子就會被困在自己的欲求和「社會規範」之間的矛盾中。家長覺得是孩子太任性了，孩子卻覺得父母太殘忍了。

所以，家長有必要清楚這一點，了解孩子在成長過程中必經的階段，正確認知孩子的行為表現及其背後的心理因素。

其次，保護好孩子的情緒。在小欣欣的「反抗宣言」中，我們也不難看出，孩子在反抗的同時，其實是帶有某種負面情緒的，即憤怒，說得通俗一點，就是生氣了。家長應該知道，生氣是對身心健康最具有殺傷力的情緒反應，也是孩子在反抗的一瞬間就產生的情感現象。

心理學家建議，家長應該在孩子生氣時，用適當的方式引導他們透過正確的途徑發洩，並且教會孩子如何控制好自己的情緒，而不是被情緒給控制了。當然，家長如果意識到這一點，就不要把孩子發洩憤怒情緒的方式視為「故意的破壞行為」，也不要輕易開口訓斥孩子，更不要剝奪他們進行心理調節和發洩情緒的權利，可以在排除了破壞性的前提下允許孩子生氣。

最後，面對反抗行為強烈的孩子要講究策略。心理學家認為，孩子處在心理反抗期，「不聽話」很正常，家長如果採取壓制的方式教育孩子，只會讓這種心理發生「內攻」，一旦「內攻」，就會長久地積聚在孩子的心裡，嚴重時會讓孩子成為一輩子的「反抗者」或「懦弱者」。

因此，面對反抗行為強烈，事事都要反抗的孩子，家長既要重視，也要耐心尋找教育的技巧。心理學家建議，家長可以盡量滿足孩子「自我」的心理，他想做什麼就讓他自己做，只要情況允許，給孩子一個「如願以償」的機會也未嘗不可。比如，讓孩子自己完成一件事情，即使不是很成功，也一定要在做完之後誇讚幾句，讓孩子體驗到成就感。

除此之外，家長可能還會遇到很多種孩子「不聽話」的情況，下面簡單舉幾個小例子，並為那些需要幫助的父母提出建議：

其一，「我就是要……」這是脾氣倔又霸道的孩子經常掛在嘴邊的口頭禪，他們總是能夠準確地抓住父母的弱點，並霸道地要求家長達成自己的願望。面對這樣的情況，家長如果一味順從，只會縱容孩子，讓孩子越來越霸道和不懂事，提出的要求也會越來越不合理，到那個時候再去管教，恐怕就有些晚了。

所以，家長不妨制定一些規則，讓孩子嚴格遵守，並且在面對某些不合理的要求時，堅決拒絕，用這些循序漸進的方式來讓孩子慢慢接受；假如孩子反應激烈，也可以考慮採取禁止他做某件事作為懲罰。如此一來，在孩子提出「我就是要……」之類霸道的要求時，就會有所顧忌了。

其二，「不准碰我的東西，丟進垃圾桶了，也不准別人碰。」兩歲之後的孩子一般對屬於自己的東西特別敏感，哪些是自己的，哪些是別人的，他們心中通常都非常清楚。有些孩子還很排斥與別的小朋友一起分享玩具或食物，即使是自己不喜歡的東西，也一樣不允許別人得到。

面對這樣的孩子，很多家長都很頭疼，「從小就這麼自私，長大了怎麼辦？」千萬不要這樣說，更不要用「自私」去評價他們，可以首先詢問孩子不願意與別人分享的原因是什麼，找到原因之後再慢慢糾正孩子的做法。譬如，用其他玩具來轉移孩子的注意力，隨後找準時機，引導孩子與自己一起玩，在這個過程中讓孩子體會分享的樂趣。

其三，「這是我的，不許碰！」比如，在幼稚園裡，孩子可能對溜滑梯很感興趣並一直在上面玩，但他們卻將這些並不屬於自己的東西「據為己有」，並聲稱「這是我的，不許碰！」這類孩子因為在家中被過度寵愛，在外面時也開始把自己視為「公主」，凡是自己喜歡的東西，無論是不是自己的，都要霸占。

出現這樣的情況，家長或老師可以採用「以其人之道還治其人之身」的做法，讓孩子親身體會一下這種感覺。譬如，當他們提出「這是我的，不許碰！」的無理要求時，可以故意不予理會，當孩子發現自己的這類要求總是不能得到滿足時，自然就懂得如何遵守規則了。

其四，「你不給我？我就搶！」孩子想要某樣東西時，會有自己的表達方式，當發現自己的方式不管用時，很可能會強行搶奪，心想：你不給我？我就搶！動手搶是他們最為直接的索要方式，嚴重時還會打人、抓人、掐人等。

如果孩子出現這類「不聽話」的行為時，家長應該立即加以制止，防止其養成不良習慣；同時，家長也應該及時教育和引導，指出這種行為是不對的，想要某樣東西時，應該用商量的口氣與對方交流。

其五，「我就是想要姊姊手裡的那個！」小孩子的好奇心很重，他們總是認為別人在玩或在用的東西就是最好的，自己也想嘗試，此時往往就出現一些霸道行為。而家長在這個時候不能縱容，應該採用拖延戰術，盡量用拖延時間來轉移孩子的注意力，並與孩子一起去發現更加有趣的東西；當然，也可以讓孩子經受一些挫折，沒有必要事事都順從孩子的意願，但事後一定要對孩子講清楚道理。

第三節

善用技巧，激發孩子的合作意識

在捷瑞兩歲的時候，他非常喜歡用自己胖胖的小腳和家裡的狗狗玩耍。有一回，狗狗躺在地板上睡覺，他調皮地走過去，伸出肉呼呼的小腳朝狗狗的肚子上「用力」地踢了一腳，然後看著狗狗一驚而醒和那可憐的不知所措的樣子，十分歡樂地向母親拍手，意思是：瞧我多厲害！或許，在小捷瑞的心裡，他並不知道什麼是「不知所措」，母親莉娜除了感到無奈之外，也很慶幸狗狗不會因此而向小捷瑞撲過去。

後來，莉娜試圖向兒子發出命令，希望他再也不要用腳去踢狗狗的肚子，一是很危險，二是因為狗狗也會很疼。於是，她說：「寶貝，知不知道你這樣很殘忍，你怎麼一點同情心都沒有？」結果，捷瑞根本就不加理會，依然我行我素。

一個很偶然的機會，莉娜和同事一起參加了一個親子講座，那天的主題正好是「父母如何才能讓孩子合作」。在這次講座上，莉娜了解到，兩歲的寶寶是完全不知道別人的感受的，孩子如果摔了一跤或者撞到桌子，他會用哇哇大哭來表達自己很痛的感覺；可是他絕對不會想到，當別人或別的生物，譬如狗狗，在被踢到的時候也會覺得痛，因為此時他自己不痛。顯然，孩子這樣的行為不是天生的，完全可以由父母來糾正。

事實上，莉娜一直以為是兒子的道德品格有問題，或者他有什麼虐待癖好……了解了這一點之後，莉娜感到心裡輕鬆多了。那父母要怎樣來糾正呢？直接點明要害，或發出禁令？都不行，因為一個才兩三歲的孩子不理解，不懂，也就不會服從，甚至許多反抗意識強烈的孩子會這麼想：你越是不讓我這樣，我就偏這樣！隨後，講師為在場的家長提出了不少有效的建議。

那天晚上，莉娜懷著忐忑的心情準備依照那些建議嘗試一下。當她再次看到兒子用他的小腳朝狗狗踢過去時，莉娜走過去，她看著兒子滿心歡喜地朝她笑，莉娜說：「捷瑞，看你多開心。可是狗狗不是用來踢的，看我……」接著，莉娜就伸出了她纖細的手，在狗狗的背部輕撫了幾下。「看，狗狗很喜歡這樣的感覺，因為很舒服。來，你也試試。」

捷瑞學著母親的樣子，在狗狗的背部撫摸了兩下，但心裡似乎還是有點不滿意。莉娜明白是怎麼回事，於是，她說：「我們來找找你可以踢點什麼吧！塑膠球怎麼樣？還是你更喜歡皮球呢？」這個晚上，小捷瑞一直在踢他的皮球，並且越來越開心，因為他發現這比踢狗狗有趣多了。

在之後的很長一段時間裡，莉娜都會在空閒的時候蹲下來輕撫狗狗的背部，小捷瑞看到之後也會模仿，漸漸地他再也不去踢狗狗的肚子了。不僅如此，小捷瑞對待其他的動物或生物都十分溫和，他常常在撫摸小狗時問莉娜：「媽媽，妳也是這樣撫摸我的腦袋的嗎？」

可見，孩子的某些「不聽話」的行為並非是道德問題，而家長如果了解了這一點，也就能夠找到很多方法來教育和引導孩子了。但是，當你確定了要採用什麼樣的方法之後，就需要不斷地反覆使用，用親身的行動來為孩子樹立模仿的榜樣形象。

專家建議，家長要鼓勵孩子與自己合作，在這個過程中需要講究技巧。

1.不要用批判的語氣，而是描述你所看到的或者是你的感受。比如，「你怎麼總是記不住我說的話？把用過的杯子放回原處！」「把髒衣服放在洗衣籃裡，你是不是不會？」「廁所的燈要關掉，你沒長腦袋嗎？」……這樣的管教方式只會讓孩子產生牴觸，孩子可能會在心裡想：「一個杯子都比我重要。」「我偏不放進去！隨你怎麼說。」「說我沒長腦袋，那我就不長了！氣死你。」所以，這樣說可能會更好：「看，杯子還沒有回到它原來的位置呢！」「孩子，髒衣服應該放在洗衣機裡。」「廁所的燈沒關。」

2.不要責罵，而是給出你的提示。譬如，「我說過你要帶著午餐去學校，你的心被狗吃了嗎？記性這麼差！」「這麼簡單的問題都不會，你是豬嗎？」「你吃飯發出的聲音真讓我噁心！」……這種帶有謾罵性質的說話方式，真的很難不讓孩子傷心，更重要的是，孩子會這樣想：「他太過分了！狗才吃了你的心呢！」「對，我就是豬！」「我討厭說我噁心的人，討厭！」所以，這樣說可能會更好：「孩子，不帶午餐你中午可要餓肚子了。」「腦筋急轉彎就是要用另外一種思維方式來想答案。」「吃飯的聲音太大會影響別人用餐的。」

3.不要評價孩子的人格，而是說出你的感受。譬如，「知不知道你很自私，還想霸占廁所多久?」「你太懶了，從來都不主動幫我收拾桌子。」「你真是太沒有禮貌了，總是打斷我說話。」……這樣輕易地對孩子的人格做出評價，不僅打擊孩子的自尊心，而且還為孩子貼上了不好的「標籤」，不利於孩子的身心成長，也達不到預期中的效果。所以，這樣說可能會更好：「我討厭遲到，三個人都在等你!」「我想要是你願意主動來幫我收拾桌子，我會非常開心的。」「我的話還沒說完的時候，如果有人打斷我，我會很不高興的!」

4.不要長篇大論，而是採用簡單明確的詞語。譬如，「天吶!你們又這樣，我說過什麼?我說過必須在睡覺之前洗臉刷牙的，結果呢，居然騙我!如果你們下次還這樣，小心我拖你們出去!」……如此一大段話，想必孩子根本就不想聽，更找不到重點在哪裡。所以，這樣說可能會更好:「孩子們，刷牙洗臉!」

第四節

祖母法則，和孩子「簽協定」

小秀月12歲的時候就開始追求一切時尚的東西，她喜歡穿帶有破洞的牛仔褲，寬鬆得誇張的T恤衫，還戴著一頂壓得非常低的鴨舌帽，將雙肩包斜背著，嘴裡還嚼著口香糖。可是秀月的母親就接受不了這種時尚，她覺得這是邋遢，不是一個女孩子應該有的打扮。她幾乎每天都會嘮叨，讓秀月不要這麼穿，但一點用處都沒有。

有一回，她發現女兒早上穿著出門的新牛仔褲回來時卻變了樣：膝蓋部位有一個洞，好像是被什麼東西劃的，褲腳的地方也出現了很多像鬍鬚一樣的東西。她簡直不能接受，那是前段時間剛買的新衣服，怎麼就破成這樣了？於是，她拉住秀月，質問她這是怎麼回事。「妳懂什麼，這是時尚！」秀月說完就扭頭回房去了，留下她一個人呆在原地，「這孩子……怎麼變成這樣了？」

吃飯的時候，她決定找女兒好好談談，而當她進房間準備叫女兒吃飯時，卻發現秀月正在床上「加工」她的那件襯衫！她立刻飛奔過去，試圖阻止女兒再這麼糟蹋衣服，「妳在做什麼？這件衣服是新的，妳這樣會弄壞的！怎麼這麼不愛惜衣服？」接著又說教了一番。結果，秀月根本不為所動，繼續著她手裡的工作，嘴巴裡還唸叨：「進房間都不敲門，知道什麼叫隱私嗎？」

「是，我不懂，我什麼都不懂！現在妳說什麼就是什麼了，哪輪得到我說話？」她一氣之下，終於爆發了，摔門而出。「看，又生氣了！我說什麼了？妳確實不懂嘛！」那天晚上，秀月和母親沒有說一句話，房間裡瀰漫著火藥味。

第二天，秀月帶著零用錢出門上學了。而她媽媽其實自昨晚摔門而出之後就非常後悔，本來已經決定要和女兒好好談談了，沒想到還是沒有控制好自己的情緒。秀月走後，丈夫也接著出門了，她自己待在房間裡，想了很久。後來，她決定下班後開車去接秀月，順便觀察一下她周圍的同學都在穿什麼。最後，她當然看到了很多比秀月穿得更誇張的女孩。路上，她對坐在後座的秀月表明了自己的態度，並趁機向女兒提出了條件。

「孩子，我首先就昨晚的事情向妳道歉。」

「噢，我忘了。」

「我想說，從今天開始，以後妳喜歡怎麼穿就怎麼穿，我不再管妳了。」

「媽媽，這是真的嗎？」

「是的。」

「太棒了！」

「但是，我有個條件。就是我們一起出門的時候，比如逛街、去看望長輩時，妳就要穿得像樣點，規規矩矩的。」

「……」秀月遲疑了，有點不情願。

「妳不覺得這樣妳比較划算嗎？因為我讓步了99%，而妳只需要讓步1%而已。」

「好吧，媽媽，我們就這麼說定了。」秀月想了想，最終很爽快地答應了母親的條件。

從那天開始，母女倆之間就形成了一種默契，好像簽了一份雙方都樂意執行的協定。之後，不管秀月每天早晨穿什麼衣服去上學或出門與朋友聚會，也不管秀月將衣服

「加工」成什麼樣，母親都沒有再去過問；而當秀月需要和母親一起去其他親戚家時，她也會很自覺地穿上比較得體、規矩的衣服。母女倆再也不會因為穿衣服的事情而出現不愉快。

1959年，普雷馬克（David Premack）做了這樣一個實驗。他找來一群孩子，讓他們在兩種活動中選擇一種：玩彈珠檯或者吃糖。當然，有的孩子選擇的是前者，有的孩子選擇了後者；而更為有趣的是，對於那些喜歡吃糖的孩子來說，如果把糖作為強化物，便能夠增加其玩彈珠檯的頻率，而對於那些喜歡玩彈珠檯的孩子們來說，假如把玩彈珠檯作為強化物，便可提高其吃糖的數量，也就是說，可以用比較喜歡的活動來強化其不太喜歡的活動。這一發現被稱為「普雷馬克原理」，後來被譯為「祖母法則」，即想要A，除非B；要想吃牛肉，除非先吃青菜。

在上面的案例中，秀月的母親對女兒「趕時髦、愛時尚」的做法和穿衣風格接受不了，無數次的嘮叨、管教，甚至大吵都無濟於事，直到最後看到那些比女兒更為「出格」的穿衣風格，她才找到正確的方法。換句話說，家長想要有效管教孩子，糾正其不良習慣，首先得了解孩子，然後再用孩子喜歡的東西來強化其不太願意接受的東西。

第四節
祖母法則，和孩子「簽協定」

家長在教育孩子的過程中，如果孩子不夠聽話，大可不必又打又罵，更不用生氣，可以運用「祖母法則」，巧妙地和孩子「講條件」。譬如，你的孩子喜歡看卡通，但每次都因此而耽誤寫作業，此時，你可以這樣說：「你想看卡通，那就先把作業完成，完成了之後我就不再管你。」堅持一段時間之後，孩子就養成了先寫作業，再看卡通的習慣了。

再如，老師發現學生總是不能按時完成作業，但非常喜歡聽他講故事，此時，這位老師可以這樣說：「同學們，如果你們每個人都按時交作業，那我就每天都講一個故事給大家聽，好不好？」或許剛開始，學生們是為了聽到有趣的故事才按時交作業，但時間一長，學生就已養成了按時交作業的習慣了。

總之，這樣的例子在日常生活中有很多，需要教育者做個有心人，及時、準確地發現孩子對什麼比較有興趣，對什麼不是很感興趣，然後就可以採用「祖母法則」了。

當然，「祖母法則」對小一點的孩子可能會更有效，而對於大一點的孩子，可以採用改進版本的「祖母法則」。即，採用協定的方式。家長可以在協定裡提出自己的要求，但千萬不要忽略了孩子的意願，在這份協定裡，要給孩子自己做主的權利，比如，孩子做到了家長提出的某一項要求時，有權利要求家長給予獎勵，只要不過分，家長都盡可能滿足，這會使孩子感受到協定帶給自己的好處並樂意去執行。因為，協定是雙向的，任何一方都有贏的機會。

許多教育專家都曾提到過，教育孩子其實主要是培養習慣，孩子養成一個良好的習慣，對其一生是受益無窮的。而如何才能培養孩子的好習慣呢？其中一項關鍵的措施就是「協定」。這不僅有助於培養習慣，更可以緩解孩子的「反抗」行為，消除爭端。但有一點必須明確，家長在孩子執行了協定之後方可給予其想要的獎勵，避免在那之前獎勵，也不要一聽到孩子抱怨或反抗就放棄，這對今後的教育是十分不利的。

事實上，在每一個家庭中，家長與子女之間有一份「協定」，都是必要的。比如，孩子做不做家務、孩子的課餘時間怎麼安排、孩子打遊戲的時間和寫作業的時間如何分配、孩子的零用錢該怎麼支配、放學後該在幾點之前回家等，這就好比一個國家的法律，當大家都有了一個需要共同遵守的約定時，家庭便會更加和諧。

當然，很多家長還是習慣採用一貫的言語教育，總是在孩子耳邊說教、嘮叨，孩子不聽，就接著說，直到說到孩子聽了為止；但最後，家長還是會發現，他們所說的孩子根本沒聽進去，過不了多久還是要「重蹈覆轍」。而「協定」就不一樣了，在孩子的眼裡，它可能更具有權威的力量和執行的效力，家長和孩子一起透過行動來執行協定，遠比天天跟在孩子屁股後面嘮叨要省事得多。不過，「協定」也並非是全能的，或許它可以幫助你解決教育孩子過程中所遇到的 **60%** 的問題，而剩下的 **40%** 還是需要進行「臨時解決」。

第五節 專家出招，告訴家長們「怎麼辦」

◇一、面對挑食的孩子，家長該怎麼辦？

凡凡越來越挑食了，並且吃起零食來沒完沒了，每次一到吃飯的時候，就開始各種「推托」，要麼說自己不餓，要麼就說飯菜不好吃。每次父母都千般哄，萬般引誘，只希望他能夠把一碗飯吃完了，可是凡凡就是不吃。家長恨不得天天跟在他的身後，到處追著、求著他吃口飯。

其實，和凡凡有類似挑食現象的孩子還有很多，他們有的不吃青菜，只吃肉；也有的只喝飲料，不喝白開水；還有的是每天就只吃一種菜，其他的看都不看一眼……

凡此種種，其實都是挑食的表現。而孩子挑食背後是有原因的：

一方面是家長的寵愛過度，孩子平時想吃什麼想喝什麼，家長毫不含糊，大包小包的零食準備了一屋子，在孩子喊餓時，零食馬上就拿出來了。飯前吃零食無疑會降低孩子的食慾，而飯後的零食則成了孩子不好好吃飯的一種「補救」，孩子會想：反正等一下餓了還有零食呢！還有一種情況是，在吃飯時全家上下全部都圍著孩子轉，舉著飯碗討好孩子，這就讓吃飯這件事本身失去了原有的意義，孩子的注意力完全由飯菜的味道轉移到了其他事情上。

另外一方面是家長為孩子準備的飯碗太大，每次都盛滿了飯菜，但孩子畢竟食量有限，每次都吃不完，這會帶給孩子來挫敗感，也就令孩子失去了吃飯的興趣。

找到了原因，各位家長們也就找到了解決問題的辦法了。

1.家裡不要準備過多的零食和飲料，當孩子發現自己不好好吃飯，餓肚子卻沒有其他東西可吃時，自然就不敢再挑食了。

2.規定每次吃飯的時間，要求孩子必須在規定的時間內把飯吃完，如果不吃，不管之後有多餓，都要等到下次開飯。家長要嚴格遵守這一點，孩子只要被餓過一次，就知道要好好吃飯了。

3. 定下吃飯的規矩，在飯桌上孩子只許坐在固定的位置上，不許亂跑；而家長也不要搶著餵孩子吃飯。

4. 讓孩子使用小一點的飯碗。用小碗盛裝飯菜，孩子能很快吃完，這會刺激其成就感。家長也可以在一邊鼓勵孩子：「寶寶真棒！」當孩子發現自己很厲害時，自然會越吃越高興，接著再吃一碗，從此飯桌就成了他／她尋找成就感和自豪感的地方了，家長還會擔心孩子挑食、不吃飯嗎？

◇二、孩子愛頂嘴，家長該怎麼辦？

有研究人員發現，愛頂嘴的孩子腦筋更靈活，想法也更有創意，未來的發展會更加多樣化。而曾發表於《兒童發展》期刊上的一項研究更是推翻了許多家長關於孩子頂嘴的成見。據記載，美國維吉尼亞大學的研究人員對157位來自不同文化背景和社會背景、平均年齡為13歲的青少年展開了調查，對他們在日常生活中和父母交流過程時出現爭執的情況進行了了解和記錄。

3年之後，再次對這些孩子們進行調查了解，發現那些與父母起較多爭執的孩子和那些不怎麼與父母爭論的孩子相比，前者更加自信和善於採用合理的觀點來支持自己的看法，並且在生活和學習中他們也更具有排解負面壓力的能力，意志力堅定，對不良誘惑的抵制力要高出 **40%**。

研究人員解釋，孩子「頂嘴」的過程，其實正是其「實地演練」如何與人討論和談判，能激發孩子的自主意識，使其更願意動腦筋，積極思考，懂得維護自己的利益，也更有益於今後的人際交往和溝通能力發展。但這並不是在鼓勵孩子「頂嘴」，而是提醒家長理性看待孩子的這一行為，同時也警示孩子們，「頂嘴」不能過分，不能不講道理，切忌使用威脅、告狀、無理取鬧等不良的方式，否則，家長很有必要及時給予制止和懲戒。

小裴的兒子今年三歲半，他發現最近這半年時間內，只要一和兒子說話，十句話裡面至少有八句他都要頂回來，和媽媽說話時更嚴重。不僅如此，幼稚園的老師也向他們反應，說裴浩現在嘴巴越來越厲害了，不管老師說什麼，他總能回上兩句。小裴夫婦也不止一次地下命令，「不准再和任何人頂嘴！」但小裴浩就是不肯改。

其實，「頂嘴」是孩子反抗行為的一種，三四歲的孩子正處於獨立意識發展期，他不願意被人壓制，不滿足於對成年人的模仿，而是要求獨立，證明自己。加上父母無微不至的呵護，干涉的領域過多，孩子的反感情緒才會越發激烈，於是，在和大人們對話的過程中，便會採用「頂嘴」的方式來反擊。這樣的孩子一般都不聽指揮，我行我素。

遇到這樣的情況，家長應該先檢討一下自己的行為習慣。因為有些孩子愛頂嘴其實是在模仿大人，家長之間的矛盾、爭執其實都會使孩子受到影響的。其次，可以用明確的目標來激勵孩子。譬如，「寶寶今後不是要做一個很有紳士風度的警官嗎？警官可是不會跟人拌嘴的。」再次，家長要在孩子面前樹立威信，說一不二，孩子才不會輕易頂嘴，但切忌利用自己的威嚴去逼迫孩子，因為強硬的態度只會使孩子產生反抗心理。最後，家長不妨讓孩子看到自己任性的後果，比如你讓孩子出門帶傘，因為天氣預報說下午有雨，但孩子卻頂嘴說：「不帶，天氣預報根本就不準！」那你就任由孩子不帶吧，等到下雨了，他自然就會後悔當初不聽話了。

◇三、孩子習慣拖拉，家長該怎麼辦？

天天在當地的一所小學讀二年級，自從讀書以來，家長就發現天天有個很不好的習慣——拖拉。今天的家庭作業，她不到最後關頭是不會寫完的，早上起床穿衣服，也要花上二十幾分鐘。而天天的母親是個性子比較急的人，她看著孩子不疾不徐的動作，急得團團轉，想幫忙，但天天又不肯，非要自己穿，好幾次都差點誤了學校的班車。

如今的孩子可謂是生活在蜜罐裡，被愛包圍，全家都在圍繞著孩子轉。很多家長平時過著節奏非常快的上班族生活，在他們的眼裡一切都是緊迫的、迅速的，稍有懈怠就會錯過最後一趟早班車，然後遲到，被扣除整個月的全勤獎金。而孩子是不懂這些的，他們不慌不忙，自由自在地徘徊著，可是這卻急壞了他們身邊的父母。

當然，孩子愛拖拉肯定是個非常不好的習慣，身為家長確實應該幫他們及時糾正。但很多情況是家長越著急就越催促，孩子反而越被催促越不在乎了，結果導致孩子在父母的眼裡變成了「不聽話」的孩子。那麼，既然催促沒有用，何不放任一下？也就是說，當你某天早上發現孩子動作緩慢地穿衣服，不要去催，也不要管，等到孩子真的誤了學校的班車，到時候孩子便會意識到拖拉為自己造成的負面影響。換句話說，給孩子一次吃虧的機會也是好事。

◇四、孩子只願意穿名牌衣服，家長該怎麼辦？

10歲的昊宇不僅追求時尚，還追求名牌，名牌成了他眼裡時尚的代名詞。有時候，他還會自己去逛街，在店裡自己搭配衣服，而當昊宇穿上那些酷酷的名牌服裝時，看起來確實很像個小童星。但是，昊宇畢竟才10歲，這麼小就開始追求名牌，這是很多家境一般的家長們都接受不了的；而即便家庭經濟條件許可，不少比較有原則的父母也是不能允許的。

於是，很多家長便想盡辦法來阻止孩子——不買名牌衣服給孩子，也不給那麼多零用錢了。可是，問題依然得不到解決。孩子會用不穿非名牌衣服來表示反抗，也會用其他的方式與父母敵對，結果，孩子不開心，全家人都不開心。想想也是，「為什麼大人們就可以追求名牌、追求時尚，他們可以去逛街買衣服，而我們小孩子就不可以呢？這分明就是不公平的！」「我也有我的審美觀，他們這樣壓制我的追求，我要報復！」

「小孩怎麼了？小孩也有追求美的權利啊！」瞧瞧這些「小大人」的思想多成熟！

事實上，孩子的這些願望和需求都是合理的，因為孩子與我們成年人享有同等的生命權利，只不過他們是透過一種不太容易被接受的方式表現出來了。身為家長，如果反覆說教都沒用，那就讓孩子們自己去搭配服裝、追求他們想要的名牌好了；但家長需要給出限制，替孩子掌握好分寸，就像「簽協定」一樣。

譬如，家長可以固定每季給孩子買衣服的費用為3,000元，只要不超過3,000元，孩子就可以自由地挑選自己喜歡的名牌衣服。注意，定了3,000元就是3,000元，不要破例。這樣孩子便會自行計劃——一件XX牌的上衣是880元，褲子是800元，鞋子是900元，一個XX牌的雙肩包是1,240元，那3,000塊就不夠用了。好吧，我買一個中檔品牌的，這樣就可以一次性買齊了。如此一來，家長幫忙控制好了額度，孩子也在這個過程中學會了如何「省錢」。

第七章

語言風暴——建立家庭語言系統

家長們有沒有想過，自己說出口的話會為孩子帶來什麼影響？其實，在一個家庭中，語言的交流是最為直接的溝通方式。當家長在餐桌上教訓孩子的時候，孩子的內心是什麼想法？為什麼有那麼多孩子開始「厭食」？當家長批評孩子自私的時候，孩子難道沒有想過要反抗嗎？什麼是暴力溝通？家長總是採用暴力溝通與孩子交流，會為孩子帶來哪些負面影響？

第一節 餐桌上的教育風暴

◇一、教訓孩子不要在餐桌上

某個週末的午後，校園裡充斥著學生朗朗的讀書聲。而就在這樣洋溢著濃濃學習氛圍的校園中，教學樓二樓的第一間教室裡忽然傳來了一聲呼救聲，「有學生暈倒了！」同學們被嚇到了，老師也非常緊張，正在上課的何老師來不及摘下老花眼鏡，迅速將暈倒在地的陸璐同學抱到保健室，導師也第一時間通知了她的家長。經診斷，醫生確定陸璐是因血糖過低而昏倒。

陸璐甦醒過來後，老師和同學們都鬆了一口氣，但她看起來還是十分虛弱，臉色蒼白；老師關切地問道：「璐璐，現在感覺好點沒？」不問還好，這一問就把陸璐給「問」哭了，眼淚像決堤的洪水一樣往外湧，「老師，我好餓……我一天沒吃飯了」。而此時，陸璐的父親也趕到了學校，看到女兒狼吞虎嚥地吃著老師剛從便利商店裡買回來的餅乾和優酪乳，他後悔極了。

原來，陸璐就住在離學校不遠的社區內，所以和其他寄宿學生不同，她每天都可以回家睡覺，中午也可以回家吃午飯。這天早上，陸璐因為賴床晚起了十分鐘，被媽媽說了幾句，賭氣沒有吃早餐就來學校上課了；本想中午回去好好吃一頓，沒想到在餐桌上，爸爸數落她不吃早餐的習慣不好，並要求她以後按時起床，而一邊的媽媽想起早上女兒和自己賭氣的事，也忍不住說了幾句。

一心想吃飯的陸璐煩躁起來了，「哎呀，我知道了，真囉嗦！」這下父親便火了，還把上學期期末考試成績退步的事情翻出來了，父親和母親你一言我一語地說著，陸璐被訓斥得眼淚直流，眼前的飯菜再香也吃不下去了。最後，陸璐假裝扒了幾口，便找了個理由背著書包去學校了。而那時正是午休的時間，陸璐硬是在走廊裡蹲了近一個小時。

這次經歷過後，陸璐的家長決定改變教育孩子的方法，以後不管陸璐犯了什麼錯，他們在飯桌上再也沒有教訓過她。而老師也建議他們應該選擇一個適合的談話時間，比如在飯後大家都感覺很輕鬆的時候，並盡量避開情緒憤怒的階段。

事實上，和陸璐有相同經歷的學生並不在少數，白天家長都忙著上班，孩子也要上學，根本很少有機會交流，而只有吃飯時，全家才得以坐在一起。所以，不少父母都將此視為溝通的「最佳時機」。但往往因此而引發「餐桌上的語言風暴」，父母一句接著一句地嘮叨或批評，孩子無心吃飯，更無心聽取「勸告」，結果總是鬧得不歡而散。

「上次考試考了多少分？」「今天在學校表現怎麼樣？」「這個月的零用錢怎麼又超支了？」「你每天去學校都做什麼了？考這點分數回來……」據了解，某心理諮詢中心每個月都會接到來自學生的諮詢，其中大部分學生都表示，他們經常在餐桌上受到來自父母的拷問，有些孩子還說自己很羨慕一家子坐在一起其樂融融吃飯的場景，爸爸媽媽會幫孩子夾菜，大家臉上都是笑容。

根據一項針對2,500名中小學生進行的調查，發現其中有超過一半的學生抱怨家長喜歡在飯桌上訓話。針對這種現象，教育專家特別指出，飯桌上的「批評式教育」很容易激發孩子的厭煩情緒，有些孩子不敢反駁，只好將不滿和煩躁的情緒壓抑在心裡，長此以往並不利於孩子的身心健康，也有些孩子反駁後會遭到父母更為強烈的指責。如果孩子一邊用餐，一邊心裡賭氣或者是一邊抽泣，非常容易將食物吞進氣管中去，引起強烈的嗆咳，嚴重時呼吸受阻，危害生命。

心理學家認為，良好的餐桌文化氛圍有助於家人身心放鬆，對孩子的生活和學習也能夠造成積極的作用；但餐桌如果變成了教育孩子的場所，不僅失去了教育的宗旨，更是對孩子的身心造成不利影響。因此，教訓孩子應該選擇時間和地點，餐桌是其中的一大忌諱之地。

◇二、餐桌上的教育祕笈

既然不能在餐桌上教訓孩子，那家長在餐桌上究竟該和孩子說些什麼呢？如何才能為孩子營造一個輕鬆的用餐環境？

專家認為，家長在飯桌上應該多了解孩子的內心感受，引導孩子與自己分享在學校裡的趣事。而不要過多地去詢問孩子表現好不好、在學校聽話不聽話，或者將孩子的過錯揪出來放在飯桌上講，要注重孩子成長的心理過程，而不是過分看重結果。

1. 限制孩子進餐時的活動範圍。為孩子準備一個固定的座位，最好是孩子喜歡的，每次吃飯時家長可以提醒孩子坐在自己的位置上吃飯，不准亂跑。

2. 誘惑孩子。母親做好飯菜之後，可以誇張一些說：「哇，今天飯菜好香啊！」以此來刺激孩子的食慾。

3. 拓展孩子的知識面。對於小一點的孩子，父母可以在吃飯時教他們認菜，比如盤子裡的菜是什麼，在還沒做好之前是什麼樣子等，並教會孩子說出菜名。聰明的母親還會為每一道菜都取一個好聽的別名，讓孩子一聽就想吃。

4. 培養孩子文雅的吃相。細心觀察，或許你早已發現，每一個孩子都有自己的吃相，而每一種吃相背後都隱藏著不同的家庭文化和教育環境。有的孩子喜歡趴在桌子上，目中無人；有的孩子吃飯時發出很大的聲響，使人一聽就心生厭煩；有的孩子看到自己喜歡吃的菜，一個勁地往自己碗裡夾，全然不顧飯桌上其他人的反應；也有的孩子一邊吃一邊說話，唾沫橫飛；還有的孩子把筷子伸進盤子裡，弄得一盤菜「翻江倒海」……而其父母卻見怪不怪，習以為常。這其實就是飯桌教育的失敗了。所以，家長要在飯桌上培養孩子文雅的吃相，首先要以身作則，發現其不好的行為時，要及時制止和糾正。

家長可以向孩子明確指出用餐時候的禮儀和應該注意的細節，例如：正確使用筷子；不可用筷子亂指人；吃飯的時候保持飯桌清潔；不可用自己的筷子隨便亂翻盤子裡的菜；等嘴裡沒有食物了再說話等。總之，吃飯時每一個動作和細節都應該從小培養，家長做出正確的示範，為孩子做出榜樣的同時，也嚴格監督孩子的「吃相」。

5.培養孩子的感恩之心。感恩之心是一切道德的根本，家長可以在餐桌上教育孩子珍惜糧食、拒絕浪費的美德。

6.做孩子孝敬長輩的榜樣。孩子在餐桌上的行為表現首先來自於父母，他們會效仿家長的一言一行。因此，家長可以先做孩子的表率，吃飯前幫長輩搬椅子、拿碗筷，吃飯時將好吃的先端給長輩，讓他們先品嘗；如果家裡有兄弟姊妹，有好吃的也不可獨食，引導孩子學會和家人一起分享。

7.允許孩子做他們想做的事。有些孩子喜歡在吃飯的時候用湯匙或筷子敲擊飯碗，許多家長表示反對，當孩子反抗時，他們會採用比較粗魯的方式制止。其實，如果孩子真的很想玩這樣的遊戲，那就告訴你的孩子：「現在是吃飯時間，一定要好好吃飯，等吃完飯了，我們大家一起來玩這個遊戲，怎麼樣？」這樣既提高了孩子吃飯的興致，也維護了親子關係，使孩子享受了另外一種快樂。

8.引導孩子表達內心。孩子的快樂肯定是所有父母的追求，與其在飯桌上談一些影響彼此感情和吃飯氣氛的話題，不如將這個機會用來了解孩子的內心世界。在飯桌上，家長需要做「傾聽者」，而非「馴獸師」；多聊一些積極、開心的話題，引導孩子談論自己，這要比「針鋒相對」式的教訓好多了。

9.餐桌話題最好交給孩子來發起。如果家長拋開了「一定要在餐桌上好好教訓孩子」的觀念，那就可以把餐桌上的交談話題適時地交給孩子，孩子對什麼感興趣，就讓他們談論，家長可以做傾聽者，引導孩子「高談闊論」。這樣一來，不但有助於培養孩子的語言表達能力，而且家長也可以在這個過程中更加全面地了解孩子的內心世界，同時又活躍了餐桌上的氣氛，對全家人的身心健康都是十分有益的。

10.避免在餐桌上說這些話。對於一些年齡比較小的孩子，家長為了讓他們吃飯，可謂是好話說盡，可是效果卻並不是那麼理想。其實，在餐桌上許多話是不能說的。譬如，家長說「今天又不吃。」「我做的青菜你怎麼又不吃。」家長看著碗裡剩下的飯菜往往脫口而出，殊不知這樣的唸叨最容易讓孩子覺得厭煩，對吃飯失去興趣。

所以，家長要看到的不是孩子沒吃的，而是孩子已經吃了的，並且給出誇讚，如「今天真棒，吃了不少豆類。」此外，家長也不要說「再吃點」、「多吃點」之類的話，尤其是當孩子表示自己已經吃飽了的時候，否則家長說得越多，孩子就越是反抗。

總之，家長要教育孩子而非教訓孩子，總是在飯桌上批評、指責、質問，對孩子們來說是一種變相折磨；而如果家長換一個角度，在飯桌上給孩子一些特殊的教育，效果會更好。

借鑑：

1. 英國式餐桌教育。英國人將餐桌視為教育的主要場所之一，並將餐桌教育分成三個層面：進餐禮儀、進餐習慣、環保意識。

在進餐禮儀方面，家長主要是教育孩子如何看上去很有禮貌地進餐，如果與客人同桌該如何進餐和與其交談。這類餐桌教育不僅鍛鍊了孩子的個人能力，還提高了孩子的個人素養。

在進餐習慣方面，家長從孩子坐上餐桌的那天起，就引導和鼓勵他們如何替自己夾菜，如何有教養地進食。因為他們認為這有助於孩子獨立人格的形成，而不是需要大人在旁邊說「多吃點」或「吃慢點」。

在環保意識方面，家長會引導孩子區別哪些是環保餐具，哪些塑膠盒將會引起環境汙染等，並要求孩子盡量使用對身體健康有好處的環保餐具；同時，家長還會教導孩子怎樣對廚房垃圾進行分類；此外，孩子也會從小接受節約用水的教育，養成良好的用水習慣。

2. 美國式餐桌教育。美國人很注重培養孩子的獨立思維能力，而這種培養是貫穿在生活中的各方面的，尤其是在吃飯的時候。美國人認為，孩子在用餐時，他們自己喜歡吃什麼，或者不喜歡吃什麼，是不是吃飽了，這些必須由孩子自己決定，父母不參與。

假如孩子因為貪玩而沒有吃飽，那他／她最後就只有挨餓的份。在下一頓飯開始之前，家長也不會再給孩子任何進食的機會，因為這是孩子當初的選擇，所以必須由他／她自己來承擔後果。因而，當孩子真正品嘗到苦果後，自然就不敢再犯了。

馬歇爾．杜克（Marshall Duke）是美國埃默里大學的心理學教授，他曾領導執行

「家庭講述計畫」，花了三年的時間來研究40個家庭。在這40個家庭中，每一家中都有一名9歲至12歲之間的青春期前的少年，研究主要針對的是餐桌上的話題及其種類。後來研究發現，發生在家庭中的故事與家族史中含有一些對教育孩子能夠造成非常重要的作用的東西。譬如，家長告訴孩子他們的祖父祖母分別是哪裡人，兩人如何相遇相識相愛等等，這種家庭成員的經歷會讓孩子吸取成長的養分。

當家長在飯桌上談論或講述他們的家族故事時，不僅培養了孩子的自信心和自尊心，也使孩子更了解自己的親人，從而越來越懂事；同時，家長如果與孩子開誠布公地討論諸如親人離世之類的負面事件，也非常有利於培養孩子良好的適應能力，促使孩子們學會如何在生活中找到應對某些困難的方式，提高自控能力，更勇敢地面對逆境。

◇三、餐桌教育風暴

事實上，只要家長有心，生活中蘊含的每一個細節都可能成為教育孩子的絕好機會，把握住這些機會，不但可以避免餐桌上的教育風暴，而且效果也會大大改善。那麼，哪些時候是最適合教育孩子的呢？

1.當孩子犯錯並意識到自己錯誤的時候。平時的時候，即使家長再語重心長，孩子可能也不會聽得進去，甚至還會認為是家長在「沒事找事」；而一旦孩子得知自己犯了錯，家長再抓住時機，恰到好處地給予提醒和教導，讓孩子在錯誤中醒悟和累積經驗，效果則會非常明顯。

但值得注意的是，在孩子犯錯後，家長要以糾正和鼓勵為主，明確指出其錯誤的地方，以尊重孩子的自尊心為前提，千萬不能動輒一頓打罵，也不能不斷絮絮叨叨地數落。這樣孩子才會感覺家長「有道理」，也會更深刻地意識到自己的錯誤。

2.和孩子一起做家事的時候。當家長和孩子一起從事家務勞動時，孩子可以模仿家長學習一些簡單的家事，同時也能夠在身體力行的勞動中感受到父母的艱辛和做事的態度，進而影響孩子今後做人做事的方式。當彼此在共同合作的關係中感受到那種和諧氛圍時，交談也會變得容易進行。但家長切忌說一些「大道理」，而是用間接婉轉的方式將觀點灌輸給孩子，並讓他們在實踐中自己「感悟」出來，否則孩子還是會認為父母是在找機會教訓他／她。

3.帶孩子出門旅行的時候。家長帶孩子出去遊玩，讓孩子有更多的與外界接觸的機會，有利於幫助孩子在實踐中成長。現實生活中有很多做人做事的道理，孩子可以自己去體悟，父母也可以在必要的時候做出提醒和引導。這種寓教於樂的教育方式不僅能夠產生良好的效果，而且有助於改善親子關係。

第二節 別讓孩子的幸福終結在你的嘴上

◇一、不要輕易說孩子「自私」

今年三歲的倩倩在媽媽的眼裡是個十足的「自私鬼」，比如有一回，她做了一碗倩倩最愛吃的糖醋排骨。吃飯的時候，當一家人都圍在一張桌子上時，倩倩說：「這個是我的，你們都不要吃。」女兒的話，她原本沒有放在心裡，但在吃菜的時候，她剛伸出筷子要去夾一塊糖醋排骨，只聽倩倩「哇」地一聲就哭了起來。沒辦法，為了讓孩子好好吃頓飯，她趕緊哄道：「倩倩不哭，瞧，我是要夾給妳呢！」

還有一次，爸爸餵倩倩吃草莓，本想逗逗她，培養孩子的分享意識，「倩倩，餵爸爸爸吃一顆好不好？」夫妻倆都等著女兒高興地點頭呢，結果，倩倩卻連連搖頭，「倩倩愛吃」。夫妻倆在失落之餘，也對女兒的自私行為頗感擔憂。類似的事情在日常生活中還有不少，譬如，在奶奶需要休息的時候，倩倩還是會拉著她不放，媽媽對她說：「奶奶累了，需要休息。明天再講故事給妳聽。」這個小傢伙聽了之後卻更加起勁了，堅持說自己不累，媽媽生氣了，罵道：「倩倩，妳怎麼這麼自私，太晚了，奶奶需要休息了！」倩倩看看媽媽，依舊不屈不撓。最後，奶奶不得已又講了一個故事，倩倩這才鬆手，讓奶奶去睡覺。

媽媽很擔心，孩子將來是要走向社會的，在家裡自私一點，家人可以包容，但以後在外面，誰忍受得了？而一直以來，夫妻倆都很希望女兒學會分享，可是倩倩為什麼還是這樣自私呢？

孩子在生活中多多少少都有點「小自私」，尤其是年齡偏小的孩子。案例中倩倩的母親希望培養女兒的分享意識，但孩子卻朝著完全相反的方向發展了，這是為什麼呢？其實，三歲之前的寶寶的心理發展特徵是「以自我為中心」的。

瑞士心理學家皮亞傑（**Jean Piaget**）也指出，兒童在前運算階段，即兩歲到七歲是處在一個「自我中心階段」的，而這種「自我中心」的表現在實質上並非自私，只是孩子在這個階段尚不具備足夠發達的認知程度，還沒有能力區分自己的需求和他人的需求，所以也就不能理解自己和他人的一些想法，而時常將別人理解為自己的一部分，從而表現出一些「自私」的行為。

三歲的倩倩總是認為自己喜歡的就是屬於自己的，別人不能碰，也認為自己想要的就一定要得到，不管別人感受如何。而母親的偶爾壓制並不能阻止倩倩的探索之路，反而會激發孩子的憤怒、怨恨和壓抑的情緒。雖然，「自私」是寶寶發展到一定年齡階段時自我獨立意識的一個表現，是受孩子的本能驅使的，但在這些行為的背後也少不了家庭環境的原因，尤其是一些年齡稍大一點的孩子。

針對倩倩的情況而言，首先她是獨生女，和現在很多家庭一樣，獨生子女享受到的往往是眾星拱月的呵護，生活在溫室和全方位的愛護中，但從長遠來看，卻很容易導致「唯我獨尊」個性的形成，自私在所難免。其次是老人對孩子的「隔代教養」，更容易使孩子養成「自私」的習慣了。在這樣的環境中，很難培養孩子換位思考和體諒他人的意識。

心理學家認為，當發現孩子有「自私」表現時，家長也要審視自己是自私的人還是有足夠包容心的人。也就是說，家長無意識中的自私言行很有可能對孩子造成了不良影響，因為言傳不如身教，如果父母之間相處融洽，願意為對方考慮，而非斤斤計較，對待長輩也懂得體諒和尊重，那麼孩子也會在無形中受到感染，效仿家長的言行。

此外，優越的物質生活條件也是滋生自私行為的土壤。隨著現今生活條件越來越優越，家長常常是以孩子的物質生活需求為中心，力求為孩子提供一個好的成長環境，恨不得把一切美好的東西都給孩子。而大人們卻忽略了這樣會帶給孩子什麼影響，站在長遠的角度上來看，家長在不斷地滿足孩子的所需所求時，其實是助長了孩子的自私、霸道。譬如，孩子之間的盲目攀比，家長不但不反對，還會給孩子更好的。

在這個案例中，我們還應該注意到的一點是，倩倩的「自私」行為曾被媽媽當面評價為「自私」，雖然倩倩未必完全懂得這個詞語的內涵，但假如家長一直用這個詞來評價倩倩的話，那在她的記憶中便會對這個詞印象深刻，最後就真的朝著自私的方向發展了。所以，家長不要輕易地評價孩子「自私」。那麼，家長怎樣運用正確的方式讓孩子的「自私」變為「大方」呢?下面是教育專家給出的幾點建議：

1.家長調整心態，對孩子予以理解和幫助。家長希望培養孩子的分享意識，這是值得肯定的，但如果像倩倩的母親那樣，一發現孩子有「小自私」的行為，就表現出失落、擔憂，甚至是用「自私」這樣的字眼來責怪孩子，抱著這樣的心態是很難真正培養出懂得分享的孩子的。專家建議，家長應當首先了解清楚孩子所在年齡層的心理發展特徵，對孩子的行為有了充分了解之後，才能發現其中合理的部分，然後接納它們，在此基礎上再去幫孩子逐步改善，在生活細節中培養其分享意識。

2.重在培養。家長接納了孩子符合其年齡特徵的「自私」行為之後，也不能忽略了分享意識的培養。平時可以像倩倩媽媽那樣，提醒孩子在吃東西時分給身邊的人，並在提出要求時考慮到身邊人的感受等。而在日常的語言交流中，切忌帶著擔憂、焦慮和責備的口氣和孩子說話。此外，還可以營造分享的家庭氛圍，譬如夫妻之間，夫妻和老人之間等，當孩子發現這樣的相處方式如此融洽時，自然也會受到影響。要知道，分享並不只是家長與孩子之間，還是家庭中所有成員之間的一種相處模式。

3.適當滿足孩子的合理需求。家長對於孩子提出的合理要求要適當地給予滿足，而那些不能及時滿足的應該讓孩子學會等待，而不是過分遷就。譬如，孩子晚上說想要一個遊戲機，而家長為了不讓孩子失望，不惜半夜出門去幫孩子買。如果孩子表示不願等待並且態度強硬的話，家長要比孩子更為堅持才行，不要給孩子鑽漏洞的機會，一旦妥協了一次，那肯定還會有第二次、第三次……這就容易令孩子養成嬌生慣養的性格。

◇二、家長不能隨便對孩子說的三句話

丫丫長著一對圓溜溜的大眼睛，是人見人愛的小女孩，十分惹人疼愛。外婆經常抱著她到樓下去遛達，社區的人一見到丫丫就上前來，誇她長得水靈。可不是嘛，自從丫丫誕生之後，全家上下就都沉浸在一片喜悅之情中。今年四歲的丫丫越發可愛和漂亮了，爸爸媽媽平時都上班，很少有時間陪丫丫，而一旦有時間，夫妻倆就會逗孩子，「丫丫，是媽媽好，還是爸爸好啊？」

自從丫丫會說話開始，夫妻倆就經常這樣逗孩子，剛開始丫丫會躲開他們，看著外婆，意思是「外婆最好了」。但後來，夫妻倆改變了問法，「丫丫，看，爸爸幫妳買了一套漂亮的連身裙，快說爸爸好，這裙子就歸妳了。」「丫丫，媽媽幫妳買了那麼多好吃的，難道媽媽不好嗎？」本來只是遊戲，為了活躍氣氛，但丫丫可不這麼想，「都好，我都要」。

在丫丫四歲的時候，爸爸媽媽會問她：「丫丫是更喜歡媽媽呢，還是喜歡爸爸？」小姑娘一向很聰明，所以，如果爸爸媽媽都在場，她會說：「我都喜歡。」而如果當時只有爸爸在場，她就說：「我更喜歡爸爸。」如果是媽媽，她就會說：「我最喜歡媽媽。」小小年紀的丫丫已經知道怎麼去討好別人了。

其實，「是爸爸好，還是媽媽好？」已經是大多數家庭裡最為經典的一句話了，或許很多孩子都被家長這麼問過。而孩子能夠給出的答案，也不外乎「爸爸好」、「媽媽好」、「都好」這三種回答。假如孩子回答「都好」，則會被誇讚「真聰明！」全家一片歡聲笑語。

但有些時候，孩子也會陷入為難的境地，明明心裡更喜歡媽媽（爸爸）一點，但爸爸（媽媽）也在聽著，便不敢回答，或者還會說出「我誰都不喜歡」的話來。在這個過程中，家長或許只是覺得好玩，而孩子卻要費力思考，甚至在這樣的一問一答中學會了如何「圓滑」。

此外，家長也不可隨便說：

「你現在都多大了，怎麼還這樣？」當孩子在親戚朋友面前不那麼聽話時，這句話不少父母都會脫口而出。有些孩子比較活躍，在人多的地方很喜歡表現自己，家長要求他安靜地坐著，但他還是會左顧右盼，不停地變換姿勢，不一會兒還是會到處跑。

殊不知，活潑是孩子的天性，如果你的孩子太安靜了，恐怕也不是一件好事兒。所以，只要孩子不是很過分，家長都應該尊重並允許，如果實在接受不了，可以回到家以後再與孩子交流，說出你的想法，而不是在人多的場合直接說出這句話。

「看你家的曉明多懂事，比我家曈曈強多了。」家長或許是禮貌，也或許是自謙，說對方的孩子比自己的孩子要強很多，但當著孩子的面，將其與別人做比較，敏感的孩子會很容易受傷。家長需要知道，孩子的智力發育、成長速度是不一樣的，優點和缺點也不盡相同，即使孩子真的有些地方不是很令你滿意，也不要當著孩子的面說出這樣的話來。否則，孩子的自尊心會受到傷害，也會自感不如人，產生自卑的不良心理。

◇三、不能這樣「逗」孩子

阿萍是一位年輕的媽媽，以前當她在路上看到可愛的小孩子時，總是會忍不住停下腳步，過去「逗逗」那孩子，然後微笑著對孩子的家長說：「這孩子好可愛啊！」而自從阿萍做了媽媽之後，她便開始厭煩起那些經常跑過來「逗」她的孩子的人了。比如，有些人會說：「快點叫我叔叔，不然這東西就不給你了。」「這孩子好可愛啊，今晚就跟我回家吧！我不讓你跟媽媽回去了。」「想吃這糖果嗎？叫我一聲我就給你吃。」等等。甚至還有些人就是要「逗」到孩子「哇哇」大哭才肯罷休。

有一次，阿萍帶著兩歲的兒子阿杰在陽臺上晒太陽。鄰居小美過來串門子了，阿萍一見是小美就心驚膽顫的，因為她最喜歡「逗」阿杰了。果然，小美一看到阿杰，就上前去劈手奪走了他手裡的玩具，說：「這是你的小汽車嗎？好像是我的吧！」正當她預備說：「快叫我姐姐，叫了我就還給你」的時候，阿萍上前奪過兒子的小汽車，「以後別再這樣逗他！」然後轉身遞給兒子，說：「放心，這是你的東西，別人搶不走的。媽媽和你在一起。」

阿萍覺得，自己以前喜歡逗別人的孩子，但她只是走過去和孩子握握小手，打個招呼而已。所以，面對那些類似於小美的「逗」法，她都不能接受，並且當場就會黑臉。

事實上，阿萍的做法是正確的。小美的「逗」法在本質上與問「是爸爸好，還是媽媽好」的問題一樣，都容易讓孩子變得「圓滑」。

此外，專家還建議，家長可以在孩子兩歲以後多教他說「不」，遇到類似的「逗」法，如果不想稱呼對方，不想吃糖，或者不想跟對方回家，都要直接說「不」。

心理學家認為，大多數愛逗孩子的人都是沒有惡意的，他們或許只是脫口而出，或許也不知道還有別的可以和孩子打招呼的方式，然而結果卻總是負面的。但是，反過來想想，你這樣逗孩子，究竟希望孩子是什麼反應呢？生氣、大哭？還是想讓孩子狡猾地用不在乎做回應？不少孩子確實能夠對此類「逗」法不太理會，甚至還會「聰明」地頂嘴。但這真的是「聰明」嗎？不是，而是經過長時間「磨練」出來的。

其實，逗孩子不就是希望看到孩子被逗的那一瞬間的反應嗎？大人們可能覺得可愛、好玩，但孩子並不會這樣覺得。而那些被這樣逗大的孩子，長大後還會用這樣的方法去逗更小的孩子。因此，不要再這樣逗孩子；家長也要盡到保護孩子的責任，避免孩子遇到類似的情況。

◇四、孩子愛聽的幾句話

生活中，家長總是希望在自己提出要求，給出答案，或者是與孩子們談條件時，都能夠產生自己預期中的效果。但可能很多家長並未想過，自己隨口說出的一句話，對孩子產生的影響力會有多大。有些話可以對孩子帶來負面的心理印象，比如說孩子自私，但也有些話具有使孩子快樂起來的魔力。同樣的意思，用不同的表達方式，傳達到孩子的心中，便會有不同的影響。譬如一句話是會令你的孩子更加樂意合作，更加有自信了，還是讓孩子感到挫敗和失去自信，這完全取決於表達方式。

1.「現在由你自己來做決定吧。」家長想讓孩子做某件事情，或者不要做某件事，可以這樣說。既不會對孩子造成家長強迫自己的印象，也是在培養孩子的責任感，即他／她要為自己的行為負責。譬如，對正在玩耍的女兒和她的同學說：「現在由你們來做決定，是想留下小聲地玩，還是到外面去？」如果過了幾分鐘之後，孩子們還是沒有安靜下來，你就可以這樣說：「看來你們是想到外面去玩。」孩子們會在你的這兩句話中感受到前因後果，而你也不會被孩子們視為破壞者。

2.「你其實是想說什麼呢？」孩子在生氣的時候也會被情緒控制，說不清楚自己的想法和感受，甚至還會做出一些偏激的行為來。此時，家長應該做的不是責備，而是幫助孩子正確表達自己的真實感受，溫和地詢問孩子：「你其實不是這樣想的，對不對？真正想說的是什麼呢？」還可以給出一些提示，比如「你生氣是不是因為爸爸今天沒有陪你去公園？」引導孩子正確地表達內心感受和生氣的原因。

3.「媽媽是愛你的，但我不喜歡你這樣。」家長在教育孩子的過程中，避免不了責備和訓斥，但也要講究技巧，如何把事情本身和孩子分開很重要。譬如，「你是個好孩子，媽媽很愛你，但這件事情不能這樣做。」或者「媽媽是愛你的，但不喜歡你這樣做，才會批評。」這樣一來，孩子會明白自己做了一件錯事，而且也不會覺得媽媽因為這件事而不再喜歡自己；與此同時，媽媽也是在提醒自己保持冷靜。

4.「我需要你來幫我嘗試解決這個問題。」孩子的某些行為家長認為不好，反覆提醒也不見效果，這個時候家長或許會很生氣，甚至開始發脾氣。其實，家長大可換一種方法來說。比如，孩子喜歡在吃飯的時候哼歌，家長就可以這樣說：「我想我需要你來幫我嘗試解決一個問題。」孩子聽到這句話肯定很感興趣，「就是我希望在洗碗的時候聽到你哼歌給我聽」。可別小看這句話，表面上聽起來似乎問題在家長這一邊，是家長需要孩子的幫助，而實質上，孩子會感受到自己被尊重和被重視，也就不會把家長放在對立面，自然就會順從家長的意願。

5.「不一樣的人有不一樣的需求。」這句話有助於幫助孩子克服攀比的壞習慣。比如，孩子看到其他同學買了新的衣服，便央求家長也幫自己買一套新衣服，此時，家長直接拒絕一定會激發孩子的不滿情緒，所以，最好是說：「不一樣的人，需求也不一樣。我們不是上個月也買了一套新衣服嗎？這樣看來，你還比人家早買呢！」讓孩子明白只有在真正需要的時候才能得到的道理。

第三節 避開暴力溝通

江先生有一個五歲的兒子江海濤。因為平時工作比較忙，江先生和兒子相處的時間並不多，但他卻沒有因此而更加珍惜和孩子在一起的時光。很多次，他都是這樣對兒子說話的：

「海濤，我真希望你看清楚自己，你就是一個飯桶。」

「去做你該做的事情，別整天像個兩歲的小孩子一樣！」

「吃飯的時候能不能別這樣，像個飢餓的乞丐！」

「我真不能再指望你什麼了，你簡直糟透了。我預言你將來根本不會有前途。」

「知道我有多討厭你嗎？總是和我唱反調。」

「你快一點，大家都在等你！沒用的傢伙！」

……

他似乎從沒意識到自己說的話對兒子的傷害有多大。直到有一次，江海濤的導師閻老師來做家庭訪問。她是個看起來很溫和的中年女教師，對教育孩子有著獨到的見解。她告訴江先生，江海濤以前是個很快樂的小孩，但最近一直悶悶不樂，常常自己躲在角落裡看別的小朋友玩耍，如果有人走過去邀請他一起去操場玩，他會很生氣，然後說：「知道我有多討厭你嗎？走開。」當然，小海濤對老師還是敬畏三分的。看到江海濤的轉變，以往的經驗告訴她，孩子的性格肯定與家庭有關係。

就在此時，江先生看到兒子躲在門後，忍不住又憤怒起來，「沒用的傢伙，出來」。閻老師見狀，趕緊制止江先生，然後對他搖搖頭，「江先生，我想我們該好好談談了」。

那次談話之後，江先生確信了自己心裡一直以來的疑慮。其實，他也意識到了兒子需要一些正面的鼓勵，而不是那些貶損的評價，但就是很難開口。所以，那天晚上，他破天荒地寫了一封信給兒子：

「兒子，今天我很意外，你的老師會來做家庭訪問。她不是來告你的狀的，而是誇獎了你。我這才知道你有多優秀。我很開心。——你的爸爸。」

第二天晚上，在海濤第一次把事情做好之後，江先生又寫了一封信：

「親愛的海濤：

我很開心看到你一個人將整間屋子都收拾得很乾淨。謝謝！——愛你的爸爸」

這之後，海濤在吃飯的時候玩餐具，或者到處丟衣服，江先生都沒有再用以往那種「暴力式」的語氣指責他，也沒有再時時刻刻挑兒子的毛病，只有在孩子特別過分的時候才說他一次。

某個週末，江先生帶兒子去遊樂園。海濤很興奮，甩開爸爸的手又試圖到處亂跑。江先生很生氣，他想說：「你有過動症嗎？就不能老實點？」但他想到那天閻老師對他說的話，又覺得孩子來到遊樂園興奮是很正常的事。所以，他換了一種方式：「我知道你很開心，但我更相信你一定會跟著我。」海濤驚訝地看著爸爸，不一會兒，他果然回到爸爸身邊，「想玩什麼，我們一起去。但你要保證不亂跑，跟著我。」

那一整天，海濤都非常開心，就連晚上睡覺也比以前乖多了。江先生沒有想到，自己的小小改變，竟然解決了一直以來的難題，更重要的是，父子倆之間現在已經沒有火藥味了。

事實上，教育孩子並沒有那麼難，有時候家長小小的轉變就足以改變孩子的行為。想必現實中有不少家長就像案例中的江先生一樣，習慣於批評和指責孩子，在這種暴力式的溝通中，孩子怎麼可能成為你期望的樣子？因為你的評價都是貶損，都是在提醒他有多糟糕。所以說，家長與孩子之間的種種矛盾，多半都是由溝通不順暢造成的，家長們往往根本意識不到自己在與孩子交流的過程中有多「暴力」，多麼帶有攻擊性。

專家建議，家長如何做到與孩子進行非暴力溝通，訣竅就在於句式、詞彙、音調以及肢體語言當中。

1. 給出正面評價。讓孩子在無意當中聽到你的正面評價，你可以在孩子以為你要發脾氣的時候，用正面評價的方式鼓勵孩子聽話；也可以當著孩子的面，向其他人誇獎你的孩子。譬如，你打電話給孩子遠在外地出差的母親，「你兒子這幾天真乖，他早上自己穿好衣服，還整理了床鋪。」

2. 用「我……」句式。這種以第一人稱開頭的句子只要不是攻擊對方，只是用來表達一種情緒、期望、喜好或結論等，家長都可以用來和孩子進行溝通。比如，「我不喜歡你這樣。」「我期望你能做得更好。」「看到你把小寵物照顧得很好，我很開心。」

3.不要用「你……」句式。以「你」開頭的句子一般都比較具有攻擊性。比如，「你簡直糟糕透了。」「你真的讓我很失望」等。家長用這樣的句子和孩子說話，孩子感到被侮辱，被輕視，怎麼可能聽話呢？

4.「是因為……，對嗎？」家長發現孩子情緒不對，或者在孩子表示反抗時，往往採用責罵的方式，抱怨孩子。但事實上，情緒不是大人的專利，孩子同樣有情緒波動。所以，家長要用正確的方式引導孩子表達內心感受。如果孩子用一些踢打、摔東西、尖叫、咬人、大哭等方式來發洩情緒時，家長就可以用這樣的句式來引導孩子，「是因為剛才我扔了那輛壞掉了的玩具火車嗎？」「是因為妹妹搶走了你的玩具狗，對嗎？」

5.肢體語言。家長不要總是沉浸在無休止的語言交流中，而忽視了肢體語言的重要性。在成年人的世界裡，肢體語言所傳達的訊息要比語言多很多，對於孩子而言更是如此。有時候，家長的一個眼神或微笑，孩子便能夠從中獲得情感交流。

譬如，你用眼神與孩子交流，表示「我很生氣，我不喜歡你用拳頭欺負妹妹」。孩子從中看到了你的不滿。然後，你可以再拉著孩子站在妹妹的面前，要求他向妹妹道歉。或者，你用眼神告訴孩子，「你把玩具丟在了地板上，我很不高興。」然後可以帶著孩子一起來整理地上的玩具。

當然，孩子也很喜歡被擁抱，家長可以在孩子的身後將其環抱住，溫柔地制止孩子的不當舉止，接著可以在耳邊對孩子說：「你是個好孩子，但我不喜歡你這樣。」家長需要注意的是，在用肢體語言和孩子交流時，切忌將自己的不良情緒傳遞給孩子，因為孩子對此很敏感。

6. 試著召開家庭會議。家庭會議可以是在既定的時間，也可以是臨時組織的。主要目的還是解決家庭成員間的情感、需求等問題，幫助提高親子溝通的效率，家長和孩子都可以在這個時間裡提出自己的想法和建議，然後協商達成一致意見。譬如，家長規定哪些行為是正確的，家事該怎麼分配等。

召開家庭會議的好處是，有效消除家庭內部累積的誤解和矛盾，孩子也可以在這個過程中深深感受到團結合作的氛圍，培養其為他人著想的意識。事實上，家庭會議的內

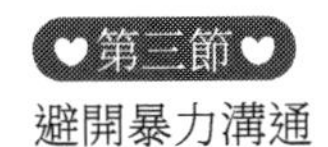

容並沒有刻板的局限，可以是分享各自有趣的經歷，可以是就某件事情進行全家討論，還可以是專門為了慶祝某個人的生日等。家長要讓家庭會議變成一家人的美好時光，而不是一提到家庭會議，孩子們就皺起了眉頭。

第四節

用幽默的方式和孩子交流

如果家長和孩子之間產生了衝突，到底該怎麼辦？三言兩語就把現場搞得火藥味十足，此時，誰該讓步，誰又該維持尊嚴？家長會想：「我是他爸，和我作對，難道還是我道歉不成？」孩子則會想：「你這樣命令我，我就偏不服氣。」事實上，家長在這個時候是不該和孩子計較的，如果能夠充分發揮幽默的力量，不僅給了自己臺階，也能夠化解孩子的反抗情緒，何樂而不為呢？

有一個張氏農民，平時十分風趣幽默。有一次，他拖著疲倦的身體從農田回家，到了院子裡原想舀起一瓢水洗臉，卻發現水缸裡一滴水都沒有了。要知道，當時村裡是沒有自來水的，村民要用水，只能去河邊挑回家來。

而當時他十二歲的兒子正在家中，居然都不知道去幫忙挑水回家。不過，他並沒有對在屋裡玩遊戲的兒子破口大罵，而是喊道：「小夥子，去隔壁大姨家『借』幾瓢水過來給我洗洗臉吧！」兒子聽到這話，趕緊關掉遊戲機，紅著臉去河邊挑了一缸水回來。

這位父親沒有責備孩子，也沒有直接下命令要求他去挑水，而是借用幽默的方式——「借」水，來達到教育孩子的目的。其實，家長在教育孩子的時候往往都喜歡板著臉說教或下命令，孩子卻不吃這一套，而且反抗情緒很激烈。與其如此，還不如幽默一點。在一個家庭中，幽默是和諧氣氛的潤滑劑，是一家人歡樂的泉源，也是教育的一種有效手段。

前蘇聯有名的詩人米哈伊爾·維斯特洛夫就很擅長用幽默的方式來教育孩子。記得有一回，他一進家門就發現家裡的人亂成一團，他的母親正在打電話向醫院求救。原來，是因為維斯特洛夫的小兒子舒拉太調皮了，他喝掉了幾乎半瓶墨水，而他的祖母擔心小孫子出意外，正焦急地到處求助。但維斯特洛夫知道，半瓶墨水還不至於讓孩子中毒，於是，他趕緊安撫母親的情緒。之後，他便開始趁著這個機會教育一下兒子。

只見他蹲在兒子的面前，關切地詢問：「你真的喝掉了半瓶墨水嗎？」小舒拉很得意，他坐在沙發上調皮地伸出舌頭來，還做了一個鬼臉。正常情況下，身為父親肯定要發火了。但維斯特洛夫沒有，而是從裡屋拿出了一疊吸墨水的紙，說：「現在沒有其他辦法了，你只能把這些吸墨水的紙使勁嚼碎了，再吞下去，好讓它們幫你把那些墨水都吸走。」

這下可好，全家都笑了。小舒拉也無奈地接受了父親的教訓，他本想用「喝墨水」來引起家人注意，好成為焦點人物，卻不料被父親的幽默給戳破了。就這樣，一場虛驚在一片笑聲中消失不見了。而小舒拉也意識到了自己的錯誤，從此以後再也沒有犯類似的錯誤。

試想，如果不是維斯特洛夫的幽默，或許小舒拉的惡作劇有可能會引發一場家庭戰爭。可見，在一個家庭中，幽默的語言是一種行之有效的交流形式，家長用幽默來感染孩子，不但能夠造成教育的作用，也可以令家中充滿笑聲；而且，在這樣的環境中成長的孩子，通常都會比較開心、熱情。兒童心理學家也非常推崇這種幽默的教育方式，指出這並不是一種「逗樂」形式，而是一個培養孩子健康個性的有效方式。

有這樣一則小故事。麥克阿瑟將軍在兒子即將降生的那一刻，虔誠地向上帝祈禱：

「上帝啊，請您賜予我這樣一個兒子吧！他堅強得足以認清自己的缺點和弱點，勇敢得足以面對一切恐懼，在挫折面前昂首挺胸而不是卑躬屈膝，在勝利面前保持謙遜而不是趾高氣揚。

「上帝啊，請您賜予我這樣一個兒子吧！他不會用幻想代替行動，他會牢記您的教誨，明白自己是世界的基石。

「上帝啊，我請求你不要讓他過平靜的生活，不要讓他走在安逸的道路上，而是要將他置於困境與挑戰的考驗與激勵中，好讓他學會如何在暴風雨中堅強挺立，學會憐憫那些不幸的失敗者。

「上帝啊，我請求你賜予我這樣一個兒子吧！他內心純淨，目標高尚，他會在征服別人之前征服自己，他會擁有美好的未來，卻不會遺忘過去。

「上帝啊，我請求你賜予我這樣一個兒子吧！除了以上這一切，請賦予他足夠的幽默感，好使他永遠莊重卻不那麼盛氣凌人，賦予他謙卑的品格，好使他永遠銘記——真正的偉人是要誠摯率真的，真正的賢人也要虛懷若谷，真正的強者更需要溫文爾雅。

「如果是這樣，那身為一名父親，我便勇於在人前自豪：『我這一生沒有白白度過。』」

或許很多家長對自己孩子的期望也是如此，希望孩子的未來是光明的，希望孩子的人格是健全並且積極的。而人的一生其實是一個發展的過程，孩子總要經歷一個成長階段，與此同時，人格發展也在同步進行著。可是並非所有的孩子長大之後都會快樂，都會如父母當初所期待的那樣，有些人即使生活富裕、工作穩定，什麼都不愁，卻依舊難以快樂；而有些人即使是過著十分拮据的生活，也常常能夠感受到發自內心的快樂和幸福。為什麼呢？這其中發揮關鍵作用的其實還是人格。不同人格的人，在面對同樣的問題時，角度和結果都不同。

心理學家認為，人格的最佳發展時期是幼年和少年時期，家長是塑造孩子人格的重要人物，有著關鍵性的作用。否則，孩子在成年後，即便獲得的物質生活條件再優越，才華再出眾，內心也很難感受到幸福。而心理學家在研究中也發現，當科學與哲學都不能解決問題時，不妨嘗試使用上帝賦予人類的第三條通道——幽默感。

所謂幽默，只不過是一種不依靠道德、倫理來衡量某件事情的途徑，它不存在對立面，不是嚴密的思維邏輯，而是要靠一個人的人格魅力，可以說它是一面船帆，當順風的時候它便乘風破浪，而當逆風的時候，它便可以調整自己的角度，繼續向自己的方向前進。

在日常生活中，媽媽們或爸爸們在處理孩子製造出來的一些麻煩事時，不妨嘗試著使用幽默感來解決難題。譬如，在家庭會議中，孩子提出要搬出去住，並希望住在外婆家。面對這樣的提議，家長一定不會同意的，此時，用幽默的方式說：「我十分理解你的心情，也知道你是因為我們常常嘮叨才想搬出去的，但你那麼可愛，真的搬走了，我們會十分想你的。」

家長可以在營造幽默家庭氛圍的過程中，潛移默化地影響兒女的人格，比如用幽默感來分析問題，找到應對衝突和矛盾的方法等，特別是尚處於幼年時期的孩子，家長更要注意培養孩子的幽默思維。比如，為孩子選購帶有幽默智慧的讀物，在孩子大一點之後，鼓勵孩子專門蒐集一些幽默故事，互相娛樂。

這裡有一則關於幽默的小故事。很久以前的一個冬夜，在一片白茫茫的雪地上，有一個人騎著一匹高頭大馬，由於天氣寒冷，他已經被凍得瑟瑟發抖了。最後，他終於找到一家客棧，裡面還有一個壁爐，很多人圍著它在烤火取暖。他很想過去，但周圍已經擠滿了人。有什麼辦法能夠讓其他人讓個位置給自己呢？

他想說：「我很冷，讓我烤一下火吧。」但這麼寒冷的天氣，誰不冷呢？他還想說：「讓開，最好給我個位置！」但這很容易起衝突，真要打起架來，他根本不是他們的對手。於是，他大聲地對客棧的老闆說：「老闆，我要吃飯，快餓死了！我要三條鱸魚。對了，我的馬也需要三條鱸魚，牠從不吃別的，只吃魚。」

人們一聽，「吃魚的馬？」這太稀奇了，於是，很多人跑出去看馬是如何吃魚的。結果，他成功地得到了烤火的位置。而那些出去看馬吃魚的人，也什麼都沒看見。奇怪的是，沒有人討厭他。這就是幽默的力量了。

第八章

以身作則——身教重於言教

所謂「身教重於言教」，這不是一句空談。有多少父母在教訓孩子應該這樣、應該那樣的時候，自己也能如此做的呢？換句話說，父母的言行其實就是最好的教育範本，不要讓孩子在空洞的說教中接受你的教育，有時候，家長的以身作則要勝過千篇一律的說教。

第一節

當孩子最需要的家長

有研究發現，在一個家庭中，關注父親在親子教育中的重要作用，並懂得運用心理學的方法來教育孩子的家長，多半都是事業有成、素養較高的人。但即便是一些普通家庭的家長，為了孩子的身心健康以及將來擁有更高品質的生活，只要多借鑑他人的經驗，結合自己孩子的特徵，同樣能夠教育出身心健康的孩子。但是，一切教育的理念，如果沒有了父母的參與，都會變成一紙空談。所以，家長需要重視你們在孩子人生中的影響力，當你的孩子最需要的家長吧！

◇一、當好老闆還是好爸爸？

如何才能讓孩子聽話、好好學習？如何才能保證孩子在青春期遠離犯罪？如何才能最大限度地保障孩子的健康？……答案是當孩子最需要的家長。近年來，很多研究都已證實，父親在一個家庭中的角色至關重要。

據了解，北歐的一些國家制定了一部叫做「親子法」的法律，比如瑞典。瑞典的孩子自出生後，國家就給予父母一定的假期，並且假期內的費用都由國家進行補貼，而瑞典給父母的假期是兩年。在挪威，國家給父母的假期是三年。

在這些國家，社會上有這樣一種習慣，即孩子出世後，由母親在家帶孩子，父親則在外工作，很少回家。所以，瑞典就針對此種現象專門制定了法律，即父親要有至少半年的時間回家照顧孩子，在此期間，父親們都必須回家去，否則將強制執行。

於是，有一段時間，人們會在大街上看到幾個警察押著許多西裝革履的男人，將他們「送」回家後，警察們還會守在門口，監督他們的行蹤，確定這些男人的確是在家中照顧孩子。而現在，瑞典的「新爸爸們」都已養成這種習慣了。

身為家長，教育孩子永遠都是當務之急，其他的東西可以忽視，唯獨孩子的教育問題，你忽視了，就永遠沒有機會了。

有這麼一則小故事。兩父子正在玩遊戲的時候，忽然爸爸的手機響了。

「喂，柯林頓啊！我現在正陪我兒子玩遊戲呢！我們改天約時間再聊！」父親幾乎想都沒想就拒絕了。

「柯林頓找爸爸，他都不去，看來我比他的工作重要啊！」聽到父親的話，兒子心中很開心，暗想道。

「爸爸，你就去吧。」兒子雖然開心，但還是懂事地對爸爸說。

「孩子，我不去，今天誰都沒有我的兒子重要！」這位父親堅持。

這件事給孩子的觸動很深，從此，他就變得特別懂事了，因為他知道並相信父親很重視自己，很愛自己，所以他也不會故意去製造一些麻煩來引起父親的注意。平時，他都會很理解父親的言行，並且主動為父親分擔憂愁。

與此相對，還有一則小故事。父子倆約好了，這個週末去公園玩。但是，到了週末，朋友打電話來了。

第一節

當孩子最需要的家長

「喂……今天啊……」父親接起電話，遲疑地看了兒子一眼。

「……」兒子眼巴巴地看著爸爸，低下了頭。

「嗯，好吧。你們等著，我現在出門。」這位父親答應了同事的邀請。然後走到兒子的面前，說：「好孩子，爸爸今天有事，我們下週末去，好不好？」

聽爸爸這麼說，兒子也就不吭聲了，默默地點點頭。他心裡失望極了，心想：我連爸爸的一個朋友都不如。但孩子畢竟是孩子，他依舊期待著下週週末。

又是一個週末到了，孩子滿心歡喜地期待著，而這位父親卻乾脆把去公園的事忘得乾乾淨淨了。這樣的「爽約」，一次兩次還可以理解，可是實際上，這位父親曾經答應過兒子：等他放暑假了，就帶他去看海；等兒子期末考試拿獎狀了，就帶他去吃肯德基；等兒子十二歲生日時，會買給他一架飛機模型……

但是，到了暑假，他因為工作忙，沒辦法脫身而「爽約」了；期末考試兒子拿到了獎狀，他這次確實帶兒子去肯德基了，可是還沒吃完就被公司打來的一個電話叫走了，孩子不得不自己回家；兒子十二歲生日時，他也確實買了一架飛機模型給他，卻因在外地出差而沒能夠陪他……

所以，這個小男孩總會想：在爸爸的世界裡，什麼都非常重要，唯獨我不重要。終於有一次，當父親再次拋下他之後，他堅信了：我對爸爸而言不重要，他一定會在關鍵的時刻放棄我。

結果，小男孩不再好好學習，每天也不再按時回家，最後和社會上的一群人混在了一起。

或許很多家長都不知道，原來孩子對自己是否重視和關愛他們如此在意！兩個父親，給了兒子兩種截然不同的生活。有些父親會認為，「爽約」後買禮物給孩子補償，或者是給孩子更多的零用錢就行了，哪有那麼多講究？其實不然，你在「爽約」後給予孩子的補償只能讓自己心安而已，孩子的失落和失望是禮物和錢都換不回來的。如果有一天，你發現自己與孩子的距離疏遠了，或者孩子朝著另外一個方向發展了，那時候你再後悔，已經沒有意義了。

因此，教育專家建議，每一位父親都應該為自己定下一個標準，即每週抽出至少一天的時間來陪陪孩子，盡量不要頻繁「爽約」。不要讓孩子覺得你很忙，更不能讓孩子認為你不重視他。

或許按照傳統的理念認為，父親就應該出門賺「奶粉錢」，而現在又要回家陪孩子，豈不是很「累」？到底是該陪孩子多一點，還是應該多出去賺錢？或者說，你是希望自己做一個好爸爸，還是想當個好老闆？孰輕孰重，已經一目了然。

現在有研究發現，腦、心、血管成了壯年男性的三大殺手。如果站在心理學的角度上來分析，這類疾病是可以用心理因素來解釋的。譬如冠心病，心臟是由內向外輸出血液的，提供給全身，可是心臟本身也需要血液的循環來供氧，而為心臟供血的血管是冠狀動脈。假如冠狀動脈硬化，就不能舒張了，供血也就不足了。通常來說，患上冠心病的人都是事業心極強的人，缺少溫情。也即心硬，心硬則心血管硬，心血管硬化則供血不足。最後，很容易出現破裂出血，甚至是猝死。

換句話說，一個男人假如只有事業，缺乏溫情，和親人之間極少有感情交流，性格也會變得日益強硬和冷漠。而長此以往，性格硬則心硬。

或許很多人很難接受這樣的說法，但事實上的確如此。即使你完全忽略這一說法，和孩子交流，多與孩子相處，總歸是有好處的，不僅於你自身，對孩子也是非常重要的。身為父親，每天除了忙工作，還有什麼？是不是你目前正在做的事情要比孩子的未來更重要？在孩子犯錯的時候，你是不是也感到很無奈和抓狂，甚至會動手打他？許許多多的問題解決不了，你覺得孩子越來越不聽你的話了，也越來越難管了。其實，這些問題的根源都是因為你不夠了解自己的孩子究竟在想什麼。

家長疼愛孩子，可是疼愛不是金錢可以購買的，你能花時間去陪他，才是真的愛。教育專家指出，父親不光要花時間陪伴孩子，還要注意愛的技巧。比如，你的孩子放學回到家，你會首先送給孩子一個微笑或擁抱嗎？還是連珠炮式地追問，「你今天表現好不好？」「上次考試的成績出來了嗎？考多少？」……這兩種場景帶給孩子的感覺截然相反。

因此，包括父親在內的家長一定不能讓孩子產生「我不重要，關鍵時刻他們肯定會放棄我」的想法。一旦孩子認定了這樣的觀點，和父母之間的關係就會越來越疏遠，而家長也會覺得孩子越來越難管。

最後，身為父親，如果你過度懲罰孩子，完全不顧及孩子的心理承受力，以「為你好」、「愛你」的名義而採用暴力的方式管教孩子，那這樣的「愛」對孩子來說就是一種煎熬和折磨了。一個男人如果連教育孩子都要動手的話，可能是無奈之舉，但實際上也是教育的失敗。說得嚴重一點，如果父親在一年的時間裡動手教訓孩子的次數超過兩次，那就應該對自己的角色好好反思了。

◇二、母愛與母親的性格影響孩子一生

美國心理學家哈洛（Harry F. Harlow）曾做過一個被稱為「代母實驗」的研究。即找來一隻年幼的猴子，再給牠兩個人造的母親，其中一個有奶水，另外一個沒有奶水；但是有奶水的母親是用冰冷的鐵架搭建起來的，沒有奶水的那個母親身上則包裹著一層厚厚的絨毛。幼猴會選擇哪一個「母親」呢？

當哈洛提出這個問題時，很多人都表示，猴子肯定會選擇有奶水的那個「母親」。可是事實上，實驗發現，幼猴最後選擇的是沒有奶水、但身上有一層厚絨毛的「母親」；而只有在牠被餓得不行時，才肯去吃另外一個「母親」的奶水，動作急促，吃完便匆匆回到有絨毛的「母親」身邊。小猴子對這個有絨毛的「母親」如此戀戀不捨地依偎著，就像依偎在自己真正的母親身邊一樣。

哈洛提出，假如只給小猴子一個有奶水的鐵母親，牠也一樣會長大，但長大後的

猴子會表現出極端的攻擊性，比如不合群、衝動，甚至有精神官能症、越軌的行為。由此，哈洛還得出結論，母愛有時候要勝於食物。小猴子之所以喜歡依偎在帶有絨毛的「母親」身邊，主要是因為這個「母親」能夠給牠想要的溫暖，而這種溫暖令牠感受到了母愛。

也就是說，母乳餵養的意義並不僅僅在於奶水（食物），更重要的是母親的懷抱所賦予孩子的溫暖、安全、依戀等珍貴的心理營養（母愛）。

而小猴子的實驗同樣也提醒人們，孩子成年後的性格在相當程度上取決於幼年時期的母親撫養行為。很多罪犯都是由於在幼年時期受到過傷害和親情缺失，結果長大後，攻擊性的性格隨之形成。比如曾被人們視為罪大惡極的米洛塞維奇，他先後屠殺了自己的阿族同胞20萬人。在回顧他的一生時，人們發現，在米洛塞維奇6歲的時候，他的父親便自殺了，而他的母親也因難以承受痛苦，在三年後自殺身亡，追隨丈夫而去；而在米洛塞維奇12歲的時候，他的養父也自殺而死。

這並非偶然，心理學家曾經透過近百年的追蹤調查發現，那些真正成為罪犯的人，其實多半都是因童年不幸，或被遺棄，或遭傷害，或母愛缺失。其中有60%的罪犯都是在孤兒院或者是問題家庭中長大的。可以說，這些罪犯在幼年時期的遭遇成了他們成年後走上犯罪道路的誘因。

母愛究竟意味著什麼？有人意外發現，初次降生的孩子居然已經知道尋找母親。

小寶寶「哇」地一聲哭了，這是他來到人間後的第一句話。後來，寶寶的爺爺來探望，心頭一喜：「哎呀，我總算把你給盼來了！三代單傳啊！我們汪家的香火可算是保住啦。」小寶寶沒有任何反應。

接著，外婆來看望外孫，她說：「我女兒可真厲害，生個兒子4,000多克，自己才多重啊！」小寶寶還是沒有反應。

有了兒子，爸爸自然最開心、最興奮了。他抱著兒子說：「看，真像我，這鼻子，這嘴巴，我都不用做親子鑑定！」但小寶寶還是沒有什麼反應。

也許你要問了，為什麼孩子沒有反應？因為孩子在出生的頭24小時內，幾乎對所有的親人都沒有反應。

此時，隔壁床病人的大學生女兒過來了，她瞅著這寶寶，說道：「這寶寶長得真好看！這眼睛可漂亮了。」結果，孩子有反應了。

在這頭24個小時內，他只對年輕女性的聲音有反應。也就是說，孩子在出生之後，主動尋求的不是奶水，而是母親。心理學家則認為，這是「人類需要愛先於食物」的最初表現。所以，現在很多人都呼籲「母乳餵養」，用母愛給孩子呵護，並不是沒有道理的。

也有研究發現，大約70%的母親在抱孩子時，都會把寶寶的頭靠左邊放，這主要是因為她的心臟就在左邊。此外，剛剛出生的寶寶喜歡哭鬧，不管是爸爸抱，爺爺抱，還是奶奶抱，外婆抱，他都一直哭個不停，全家人簇擁著卻都不知所措。但是，只要把寶寶放在他母親的懷裡，哭聲立即就止住了。難道剛出生的孩子認得出自己的母親？不是，是聽出來的，他會分辨心臟的跳動聲，並迅速辨識出是不是母親。等待在母親的懷裡了，寶寶就有了安全感，自然就不會再哭鬧了。

此外，研究還發現，母親的性格對孩子有非常關鍵的影響。在一位溫柔嫻靜的母親的懷抱裡長大的孩子，將來可以培養出許多十分優秀的品格，比如溫和的性格、善於欣賞自己和別人、對人關懷等。

事實上，人類從三歲才開始記事。在此之前是沒有一個評價系統的，但也正因為這樣，孩子對自己所經歷的情感、情緒會像海綿一樣進行百分百地吸收。三歲之前，孩子和什麼樣的母親在一起，將會直接影響他們未來的狀態；而三歲之後，孩子也依然受到母親的影響。也就是說，每個人生來就是人格健全的人，假如能夠在充滿了愛和積極鼓勵的環境中長大，那每個人都會是善良、溫和的。

有研究指出，以下四類性格的母親是非常「可怕」的，母親們如果發現自己有以下傾向，要馬上糾正過來。

1. 嚴肅冷酷型的母親。這類常見於單親媽媽的人群中，她們往往在情感上表現冷漠，之前受到的感情傷害很深，因此總是喜歡將自己封閉起來。或許她們將孩子視為自己不幸的根源，既憐愛又充滿怨恨的矛盾心理常常使她們陷入掙扎……總之，單親媽媽不管出於什麼樣的原因，她們嚴肅而冷漠的性格使她們看起來孤獨而憂鬱，對孩子也常冷漠相待。

由這樣的母親帶大的孩子，很容易養成孤獨的性格，成為孤獨兒童的一員。他們會懼怕親密接觸，因為母親很少或根本就沒有與他們有過親密的肢體接觸，導致孩子依戀母親的願望總是落空，久而久之，便會這樣想：我沒有這樣的需求。在孤獨兒童的內心世界裡，或者還隱藏著一個不真實的自我，表面上看起來很獨立，而實際上卻是經常否定自己的需求。

心理學家分析，性格孤獨的孩子通常也是比較冷漠的，對生活沒有足夠的熱忱；他們即使在事業上很成功，在物質上同樣需求很少，善於忍耐；在感情生活方面，這類性格的人一般婚姻生活都不會太幸福，因另一半常會抱怨其冷血。

可見，嚴肅、冷漠性格的媽媽們，千萬要注意了，不要刻意孤立妳的孩子，和孩子多一點肢體交流，經常抱抱他吧！擁抱和撫摸可以有效消除孩子的孤獨感。

2.控制型的母親。母親愛孩子，天經地義，但有些母親愛子心切，也可能是因為難以掌控自己的生活，進而將這種恐懼感轉移到孩子的身上，生怕連孩子也不受自己的控制了；還有的母親是過度依賴孩子，將全部的精力和時間都用在了孩子身上。所以，她們渴望時時刻刻都掌控著孩子的一言一行，試圖為孩子「擺平」一切。

由這樣的母親帶大的孩子很容易養成逃避性格，也就是距離兒童，這些孩子可能並不害怕被親近，但卻總是小心翼翼地維持著自己與他人之間的距離；母親擁抱他或親吻他，他卻習慣性地閃躲。這主要是因為，孩子害怕和母親過度親近之後，自己將不能逃脫母親的控制。

心理學家分析，這類距離兒童在成年後容易形成逃避型人格。這類人格的人會在潛意識裡借助各式各樣的方法來迴避家庭生活，比如，工作越忙越好，他們喜歡出差或待在自己的世界裡；喜歡那種比較自由的關係，所以當另一半想要發展一種更為親密的關係時，他們就開始退縮了，嚴重的時候還會引發不必要的衝突。

專家建議，控制型的母親要尊重孩子的個人空間，同時也要尊重自己。孩子終究會長大，會過獨立的生活，妳不可能永遠陪在孩子的身邊。所以，為了孩子的長遠未來著想，還是給孩子多一點自由吧！

3. 忽略型的母親。和上一種母親不同，這些母親總是很忙，也許是性格的原因，比較缺乏耐心，或者是她們想盡早地從教育孩子的負擔中解脫出來，所以，她們過早地鼓勵和強迫孩子獨立，刻意忽略孩子成長過程中的細節。

由這樣的母親帶大的孩子容易被塑造成追求型的性格。由於年幼時期得不到來自父母親的情感支持，孩子很早就被迫開始探索，容易引發其對獨立的恐懼感；但他們往往懂得如何去討好母親，而刻意做出好孩子的樣子來，當然也擅長尋找各種藉口，以便成功贏得母親的關注。這些孩子從小就缺乏安全感，害怕離開母親，所以他們需要不斷地反覆確認自己是否還被母親愛著和關心著。

心理學家分析，這種性格的孩子成年後是追求型的人，他們常常會為了保持與愛人的親密關係，不願被拋棄而努力取悅對方，嘗試為對方做一些自己能力範圍內的事情。他們通常都是甘心做好太太或好丈夫的人，但有時候卻因為不能把握分寸而總是令另一方感到窒息，被對方拋棄後，只能暗自悲傷。

專家建議，別再忽略妳的小孩，別做忽略型的母親，給孩子正常的關愛，幫助孩子樹立自信心，讓他／她能夠在充滿愛和關心的健康環境中成長。

4.矛盾多變型母親。這類母親大多內心充滿矛盾，她們或許是一個人帶著孩子，或許是丈夫長期不在家，總之，這樣的母親比較偏向於自我的內心世界。她們對孩子有依戀的需要，但並不是每一次都能夠滿足，在無奈的時候也只好忍痛「割愛」；再加上情緒不穩定，有時候難免煩躁不安，對孩子也時而愛護有加，時而冷漠待之。

由這樣的母親帶大的孩子沒有穩定的安全感，在他們的潛意識裡，會認為只有用不斷地哭鬧或闖禍，才能贏得母親的關注和關愛。當他們勝利時，會感到滿足和愉悅；

而當失敗時，會懊惱、會憤怒、也會傷心。所以，這樣的孩子對母親的愛總是與恨相交織著。

心理學家認為，這些孩子長大以後，如果進入一段親密關係中，會表現出特別強烈的依戀傾向來，早年渴望得到的親密關係未曾得到，而當成年後再有這樣的機會時，他們絕對不會輕易放過。換句話說，他們對身邊親人的親密關係的要求是永無止境的，希望對方時時刻刻都關注著自己，不容許對方有半點的冷漠和忽略行為。當然，在生活中，他們也會習慣性地使用生氣、威脅、爭吵等手段來贏得關心與呵護；他們身上強烈的不安全感促使其經常猜疑和妒忌，對對方的愛持懷疑的態度。

專家建議，身為母親，要意識到自己對孩子的重要性，不要用自己的情緒去影響妳的孩子，避免那種自相矛盾的、不穩定的情感，在言語和肢體語言上多給孩子肯定和讚賞，讓孩子知道妳重視並愛著他，這比什麼都重要。

第二節 優秀父母應該懂得愛的智慧

◇一、不要做被孩子過度依賴的父母

明明喜歡黏著媽媽，不管媽媽在做什麼，他總是要跟在媽媽的後面，每時每刻都要看到她，不然，明明就開始哭了，儼然一個「小跟屁蟲」。這令張女士很煩惱，孩子這樣黏著自己，她還有心思上班嗎？要說這個年齡層的孩子喜歡黏著父母是正常的，那明明為什麼就不黏他爸爸呢？鄰居的小孩和明明一樣大，為什麼他就不會這樣黏著家長？……

張女士非常矛盾，一見到孩子心就軟了，根本不忍心看著孩子哭。這天下午，她好不容易才把明明哄到他奶奶家去，趁著這點空檔，她來到了兒童心理諮商中心，希望得到相關專家的幫助。

諮詢師：妳家平時還有其他人嗎？

張女士：我們就一家三口。

諮詢師：那孩子和他爸爸平時見面的機會多嗎？

張女士：他白天在外面工作，晚上大多很晚才回來。父子倆很少交流。

諮詢師：這是個問題啊！妳應該讓孩子的父親多陪陪他。

張女士：我們最近也在討論這個問題。還有，就是孩子這段時間總是不願意去學校，我想讓他去讀幼稚園，多和其他小朋友接觸接觸，會不會好一點？

諮詢師：妳真的希望孩子去嗎？

張女士：也不是一定。這當然還要看孩子的意願，我不能不尊重他。可是話說回來，我也不願意看他哭。

諮詢師：妳並沒有下定決心，孩子原本就不願意，他喜歡黏著妳，怎麼會自願去上學呢？除非妳下定決心。

在之後的交談中，諮詢師告訴張女士，問題的癥結已經找到，下面就是解決問題了。一要讓孩子多與父親交流和接觸，讓他明白這個世界上不僅僅只有母親；二是需要張女士下定決心，送明明去幼稚園，在外面的世界接觸的人多了，孩子自然就不會只黏著張女士一個人了。

但不能把孩子丟在那種全托式的幼稚園裡，這樣對孩子很不好，不僅是由別人照管不利於孩子的身心發展，而且全托會使孩子與母親之間的那種依戀徹底斬斷，這對孩子來說是殘酷的，他或許會想：媽媽一定是嫌我煩了，才把我送到這裡來的，她不要我了，她不喜歡我了……這樣的焦慮感很容易對孩子造成終身的人格障礙。

孩子依賴母親確實是一件很正常的事情。但有的孩子表現出過度依賴，都要讀小學了，卻還是不願與母親分開睡覺，每天晚上都要擠在爸爸媽媽中間，才能安心睡著；也有的孩子眼皮一睜，就到處找媽媽或爸爸，然後一整天都像個「小跟屁蟲」一樣；還有的孩子是養成了依賴心理，做什麼事情都想要父母來拿主意，衣服需要家長洗，床也要父母整理，遇到難題也不願自己解決，全權交給了爸爸媽媽……

依賴，有時候弊大於利。孩子如果不願意自己睡，非要和父母睡一張床，那家長就要替孩子定一個規矩，比如每個星期只有週末可以和爸爸媽媽一起，其他的時間必須乖乖地在自己的房間裡睡。但要注意的是，剛開始和孩子「分床」時，切忌「一刀切」，這樣孩子會受不了。

心理學家認為，在跟父母各式各樣的分別中，很少有孩子能夠順利而自然地完成，大多數都需要一個過程。因此，家長要給孩子一段逐漸習慣獨立的時間，要做到這一點還需要家長「狠心」一點，心軟只會讓孩子更加依賴。那麼，家長究竟該怎麼做呢？

1.面對孩子的哭鬧要說「不」。教育孩子的關鍵期是從出生到3歲這段時間，這段時間是孩子的性格和生活習慣形成的最佳時期，假如錯過了這段時間，今後要糾正，就比較難了。但很多家長一看到孩子流著淚水的小臉，就開始心軟了，之前定的什麼規矩都不復存在。結果孩子開始變得任性，一有不順心的事情就開始哭鬧，因為他／她知道家長肯定會心軟；而如果家長在孩子任性的時候堅持說「不」，時間一長，孩子就知道不管用了，自然也就不哭了。

2.對孩子說「不」時也要注意這些問題：首先，孩子雖小，但也有自尊，家長在對孩子說「不」的時候要尊重孩子，了解孩子，在了解了孩子的想法之後再講道理。

針對孩子的一些不合理想法，家長要說出自己的觀點，讓孩子明白為什麼不可以。其次，要讓孩子懂事，不是一時半刻就能學會的，所以家長要在平時多和孩子交流，讓孩子受到潛移默化的影響。最後，家長有必要和孩子做朋友，平等地交流和溝通，可以將家裡的事情告訴孩子，好讓他們更加了解父母，更加懂得理解父母。

3. 發現孩子的性格弱點，要及早糾正。家長如果發現孩子有性格上的弱點，不要覺得孩子還小，就可以不用理會。有句話說得好，「江山易改、稟性難移」，等孩子長大了，再想去糾正就難了。所以，孩子越小，性格就越是難以定型，父母應該及時糾正。但糾正不良個性是一個長期的反覆過程，需要有足夠的耐心和決心。

◇二、愛要多少才合適

有這樣一則小故事，故事裡有兩個不同的姊姊，暫且用她們的姓來加以區別，一個是王姐，一個是章姐。她們自工作開始就一直寄錢給自己的弟弟，這樣可以幫家裡減輕點負擔。王姐每個月都寄一些生活費給弟弟，而章姐只有在逢年過節時才寄錢給弟弟，每次寄去的金額都不是很多，但可以讓弟弟的生活更寬裕一些。假如單從錢的金額上來說，王姐的付出要比章姐多很多。

幾年過去了，王姐和章姐都嫁人了，有了自己的家庭，但寄錢給弟弟的習慣一直都沒變。王姐的丈夫知道妻子每個月都寄錢給弟弟，考慮到自家生活的問題，雖說每次寄錢的金額都不多，但積少成多，以後還有自己的寶寶要撫養。想到這裡，王姐覺得丈夫說得有道理，便減少了寄錢給弟弟的次數。

而章姐的丈夫看到妻子逢年過節就為自己的弟弟寄去生活費，雖說不多，但也是一片心意，深感妻子很懂事，很賢惠。於是，在妻子的影響下，他也開始寄生活費給自己的妹妹，妹妹非常開心，也很感激哥哥和嫂子。男方的父母也覺得兒子確實是娶了一個好媳婦，一家人的生活很美滿。

章姐的弟弟覺得姊姊結婚以後負擔加重了，生活上的事一定要和姊夫商量，可是姊夫卻沒有阻止姊姊寄錢給自己，非常感激，覺得姊夫真是個通情達理的好人。就這樣，章姐婚後的生活比婚前還要美滿和幸福。

再來看王姐的生活，自從她由之前的每個月都寄錢給弟弟，變成後來的逢年過節寄錢，王姐在心理上感到愧疚。王姐的弟弟則因此而感嘆人情世故，認為姊姊的改變肯定是姊夫從中作梗，越想越覺得寒心，和姊姊的往來也沒有之前多了，感情也就慢慢淡了。

在這則小故事中，我們看到同樣多的錢，章姐能夠贏得全家人的理解，換得全家人的幸福美滿，而王姐卻吃力不討好，最後造成兩家人關係疏遠。也就是說同樣的愛，最終得到的結果並不一定是一樣的。可見，愛一定要適度，一定要恰當。

父母對子女的愛也是如此。家長對孩子呵護備至，恨不得把所有的事情都包辦下來，但卻沒有想到這對孩子的意義是什麼。心理學家分析，在孩子小的時候，他們可能會因此而覺得父母的愛都是理所應當的，甚至開始不滿父母沒有呵護到的小細節。結果，父母付出了比以往更多的愛，卻還是不能滿足孩子的需求。

而在孩子需要獨立面對一些事情的時候，比如自己去外地上學，需要自己洗衣服、換床單等，但在父母滿滿的關愛中長大的孩子根本就不會!他們不禁會想：為什麼別的同學都會，我就不會?因為我的父母根本就沒有給我學習的機會。於是，孩子懂事以後會怨恨自己的父母。

在日常生活中，還有很多家長將自己定位成一個保護著的角色，試圖事無鉅細，譬如一些繫鞋帶、整理書包等小事情，都要親自為孩子做。有些父母的付出甚至已經完全脫離了實際的經濟條件和身體狀況。可以說，這樣的愛過猶不及。所以，為何不把愛調整到一個合適的溫度呢？這樣的愛才能長久，才能延伸，才能讓孩子感到溫暖。故事裡的兩個姊姊的例子給了我們很大的啟示，愛需要技巧，並非越多越好；愛寧可少一點，缺一點，也不要滿溢出來。

第三節 不要做欺騙孩子的父母

日常生活中，家長的親身示範是孩子最好的模仿對象。很多家長抱怨孩子愛撒謊，事實上，要想培養出誠實的好孩子，家長自己首先要做到誠實地對待孩子。

春秋時期有個叫曾參的人，他是孔子的弟子，被尊稱為「曾子」。孔子的教導深深影響了曾子的思想，他不但學問好，並且人也非常誠實，從來不會欺騙他人，對自己的孩子也是半句謊言都不會說，所以才有了這麼一則流傳千古的故事。

清晨陽光明媚，曾子的妻子梳妝打扮完畢，準備去集市上買東西。但沒走出家門多遠，就聽到兒子跟在她的身後，哭著追來了，非要母親帶著他一起去。曾子的妻子覺得集市很遠，而且孩子還很小，帶著他買東西實在不方便。於是，為了讓兒子乖乖回家，她對兒子說：「乖，回家等著我回來，我買完東西，很快就回家了。你不是很愛吃醬汁豬腳和豬腸燉湯嗎？等我回來就做給你吃。」沒想到這個小傢伙對吃的東西倒很敏銳，聽母親這麼一說，馬上停住了哭聲，乖乖地回家去了。

孩子在期盼中度過了一天，一心等著母親回家幫自己做好吃的，一想到馬上就能吃到醬汁豬腳和豬腸燉湯，心裡別提有多高興了，就連玩伴們來叫他出去玩，都被他拒絕了。到了傍晚，孩子終於盼回了母親，他歡快地迎上去，「娘，我要吃豬肉，快殺豬，我都要饞死了！」

曾子的妻子聽到孩子這樣說，有些驚訝，因為她已經完全忘記了自己早上曾答應過孩子的事情了，便說：「這一頭豬頂得上我們家兩三個月的口糧呢，不能隨隨便便就殺。」孩子一聽，便失望地大哭了起來。

曾子聽到孩子的哭聲，便出來詢問怎麼回事。孩子邊哭邊說：「娘答應我回家做醬汁豬腳的，現在她不給了……」曾子的妻子一聽，這才想起早上因為一時情急，為了穩住孩子而說的話。曾子了解清楚實情後，什麼話都沒說，轉身就去屋子裡拿殺豬刀。曾子的妻子見狀，趕緊攔住他：「家裡就這幾頭豬，都是逢年過節才殺的，現在怎麼可以？你別拿我哄孩子的話當真！」

曾子說：「孩子是小，但我們在孩子的面前是不能撒謊的。他們年幼無知，父母是他們學習的對象，如果我們現在就開始騙他，就相當於是在教他今後去騙人。今天妳哄得他開心，但他要是知道自己受了母親的騙，便不會再輕易相信妳的話了。這樣的話，我們就很難再教育好孩子了。」

曾子的妻子聽後也覺得很對，自己不能帶頭欺騙孩子。於是，她決定幫曾子一起殺豬，晚上還為兒子做了一桌好吃的飯菜。

曾子用實際行動告訴我們，要想教育出誠實的孩子，家長就先要以身作則，不要欺騙孩子。只要父母的言行為其樹立起了正面的榜樣，孩子也就會深受感染。

生活中，我們常常聽到爸爸或媽媽這樣哄孩子，「寶寶聽話啊，我晚上回來幫你買一個大大的玩具」。結果，等晚上下班回來時，孩子並沒有見到什麼大熊玩具。有的家長在孩子「耍賴」時說：「先把作業寫完了，我就允許你去樓下和同伴們玩。」結果，等孩子作業寫完了，媽媽又讓他再練一個小時的小提琴。長此以往，家長的話在孩子的心裡就失去了作用，他們再也不會相信父母的任何許諾了。

據了解，在針對青少年研究的調查中發現，中小學生最不滿父母的十二種行為中，「言而無信，說話不算數」占了43.6%的比例，排在首位。

靜靜的媽媽在外地工作，臨走之前把靜靜託給她姑姑照顧。七歲的靜靜人小鬼大，有一次，她無意間聽到姑姑和鄰居在說媽媽的壞話，當時靜靜很生氣，暑假去找媽媽時，靜靜便把這件事一五一十地告訴了媽媽。但沒過多久，姑姑打電話過來，媽媽和她聊著聊著，就將靜靜和自己說的事情告訴了她。

此時，靜靜正在旁邊，感覺媽媽很討厭，也覺得沒臉見姑姑了。事後，靜靜「質問」母親為何要和姑姑說，因為當時媽媽曾答應過她不把這件事告訴姑姑的。結果，媽媽回答說：「這樣妳姑姑就不敢再說我壞話了。」

從此，靜靜就算再聽到姑姑說她媽媽的壞話，也不想和媽媽說了。她覺得媽媽很自私，也很不講誠信，答應的事情一點都不重視。

可見，家長說話算話確實很重要，這關係到孩子對父母的信任感。假如孩子不相信父母，又怎麼會願意跟家長說心裡話呢？這樣一來，親子關係也不會很好，家長也很難真正了解自己的孩子。

事實上，那些經常失信於孩子的父母在日常生活和工作中並非是習慣於失信於他人的人，因為他們知道自己面對的是成年人。但為什麼在面對孩子時卻認為失信行為無所謂呢？真的是無所謂的嗎？心理學家認為，父母對孩子的失信，其最本質的原因應該是把孩子視為自己的附屬品，而非一個完整的、獨立的人，扭曲了父母與子女之間的關係。而真正的父母與子女的關係應該是人和人之間的平等關係。

在1999年的某項調查中，對於「現代人最為重要的品格是什麼」的問題的回答，家長給出的答案是「責任」，而中小學生則認為是「平等」。也就是說，孩子們把平等視為人類最為重要的品格，這當然與其生活經驗有關，表明他們熱切希望獲得「平等」，被家長平等對待。

此外，父母欺騙孩子是一件非常冒險的事情。一是家長的失信肯定會帶給孩子心願不能滿足的失望感和失落感。因為孩子並不像父母，成年人有許多時候也無法滿足自己的需求，如果願望落空，他們懂得透過其他途徑來緩解和調節情緒，但孩子卻不懂得這一點。二是孩子對父母的依賴不僅在於生活，還在於心理和精神層面，當孩子發現父母的話只是一種哄騙，那今後孩子還敢相信誰呢？這種恐慌的心理帶給孩子的心理危機是無法想像的。

第四節　為自己樹立威信

◇一、以身作則為孩子樹立榜樣

家長希望孩子有什麼樣的行為，就要在日常生活中以身作則，這是家長最有說服力的教育方式。孩子在學習成長的過程中，還不知道何為好與壞，看到什麼都會學，家長或老師的一言一行都有可能成為孩子的模仿對象。

一天，母親帶著女兒甜甜一起去一棟大樓裡辦事情。走進大廳中，看到前面不遠處的電梯開著，不少人正陸續進入。母親想趕上這班電梯，便帶著甜甜一路小跑過去。而此時，母親發現旁邊還有一個老人，便本能地帶著甜甜往後退了幾步，讓老人先進去了，電梯裡人滿了，母女倆只好等下一班電梯。

等辦完事情後，母親帶著甜甜下樓。這次乘坐電梯時，裡面只有甜甜母女和另外一位老婆婆。等電梯到了一樓時，甜甜很懂事地讓了一下，說：「老婆婆，您先走。」老婆婆滿臉笑容，「好孩子，我走得慢，還是妳們先走吧！」但甜甜還是堅持要讓老婆婆先走。

在路上，母親摸著甜甜的小腦袋，說道：「剛才為什麼要讓老婆婆先走啊？」甜甜伸了伸舌頭，「這不是您剛才教我的嗎？以後我還要向您學習更多呢！」母親幸福地笑了。

可見，身為教育者，身教真是重於言教。家長要注意自己在孩子面前的一言一行，不要說一套做一套，希望孩子是什麼樣，自己應該首先做到，為孩子樹立一個榜樣。家庭和父母是孩子接觸最早、最多，也是時間最長的地方和人，是孩子最直接的學習對象。在孩子的面前，父母的思想品德滲透在生活的每一個小細節中，孩子要比其他人更會觀察和體會，這些都會在潛移默化中影響孩子的言行和道德品格。

前蘇聯著名教育家馬卡連柯說過，父母對自己的要求，父母對自己家庭的尊重，父母對自己每一個言行舉止的注重，對子女來說都有非常重要的影響，也是最為重要和關鍵的教育手段。因此，在日常生活中，父母要時刻嚴格要求自己，事事都要為孩子做出一個榜樣來。

譬如，有一回，客人到甜甜家來做客，還帶了禮物給甜甜，可是滿心歡喜的甜甜卻不知道如何表示謝意。此時，一邊的母親十分溫和地摸著甜甜的腦袋，說：「很感謝妳來我家做客，我替甜甜謝謝妳了！」一邊的甜甜也好像一下子明白過來了，說：「我也謝謝阿姨的禮物。」此時，全家人都笑了。這件事情之後，甜甜就懂得了如何使用禮貌用語。

美國教育專家克萊爾同樣說過，父母如果連自己都不預備有所成就，那又拿什麼去期望孩子做些什麼呢？當然，「成就」一詞的定義在這裡主要是指家長需要成為孩子接受、愛慕、效仿的對象，其次才是指在事業與生活等方面的作為。

父母身為孩子最早的啟蒙者和教育者，一定要關注自己在孩子心目中的形象以及自己帶給孩子的影響。成功的教育者應該懂得身教重於言教，並以身作則，做孩子的榜樣。專家建議，家長做孩子的榜樣，需要把握好以下兩個原則：

一是以身作則。對孩子而言，父母的威信不是天生就存在的，而是後天透過各種途徑樹立起來的；而這種威信恰恰也是孩子言行舉止標準的提供者，因此，以身作則是使孩子言行有所遵循的前提，切忌言行不一。有句話說得好，「以教人者教己」，家長希望孩子養成的良好習慣和品格，父母自己都應當先具備。

二是以身示教。家長喜歡對孩子說應該這樣，不應該那樣，試圖以此來規範孩子的言行，但實際上，這種空洞的說辭沒有哪個孩子能夠完全做到。因此，要想讓孩子做到，父母就要首先以身示教，讓孩子看到這樣的言行在父母身上的表現，然後當孩子對父母產生了崇敬之情時，自然會聽從教誨。

◇二、不要遷就孩子的無理要求，為自己樹立威信

教育專家認為，對於孩子的一些不合理的要求，家長絕對不能滿足，遷就和順從的行為是在助長孩子的「以自我為中心」的意識，久而久之，孩子就會變得自私自利，完全不會感激父母的付出。而父母如果適當拒絕，孩子也會明白，自己不可能想要什麼就能夠得到什麼，不能為所欲為，進而學會控制自己的欲望。

性格活潑開朗的小英在家裡是典型的小公主，爸爸媽媽在四十歲之後才有了小英，因此很寶貝這個女兒，事事都會依著她，不捨得讓她忍受半點委屈。這天，放學回家的小英很開心，因為她的數學考試拿了滿分。

「小英，快洗手吃飯了！」一見女兒進門，媽媽就對小英喊道。

「今天吃什麼呀？」小英問道。

「妳愛吃的牛肉和玉米湯。」

「媽媽，我今天數學考了滿分，我們出去吃火鍋好不好？」

「考滿分確實值得慶賀啊！但妳看媽媽都做好了飯菜，而且都是妳愛吃的……」

「不，我就要吃火鍋！」沒等媽媽說完，小英就大叫起來。

「小英，妳看我都忙了一整天了，白天上班，晚上回來還特地替妳做了好吃的。我們明天去好不好？」

「不，現在就去！」小英不屈不撓，還扔掉了書包。

緊接著就是小英的哭鬧聲、滿腹委屈的淚水。

結果，媽媽心軟了，打了個電話給還在學校上班的丈夫。

「好，我們現在就去。」然後，母親帶著小英去了她一直想去的火鍋店。

小英從小就感覺到了父母對自己的「特殊」，便不停地要這要那，而且從來不會替父母著想。要知道，小英的父親是大學教授，在外面備受尊崇，而母親也是一名高中教師，資歷很深，大家也都很敬重她。然而，在女兒的面前，二人顯得很「卑微」，對女兒有求必應。結果，孩子卻越來越任性，根本不把家長的話放在心上。

「人們經常說，我是孩子的父母，一切都讓給孩子，為他做出犧牲，甚至犧牲自己的幸福，但這恐怕是父母送給孩子最可怕的禮物了。」教育專家馬卡連柯這樣說。或許很多父母都不願聽到這樣的話，但這句話確實是一針見血地道出了「慣子如殺子」的道理。

在現實生活中，有很多孩子都會向家長提出各式各樣的要求，在這些要求中，有很多都是不合理的。可是父母如果十分粗暴地拒絕，會傷害孩子的自尊心，因此，專家建議父母們可以從以下幾點著手：

1. 言出必行，替自己樹立威信。父母對孩子所做的承諾，一定要兌現；而禁止孩子的言行也一定要堅持。不要因為心情好或不忍心就「破例」、遷就，只有這樣才能建立起父母的威信，讓孩子明白家長是言出必行的，並非在和自己開玩笑，自然就敬畏三分。

2.堅決冷處理。家長在拒絕孩子的不合理要求後，孩子往往會以哭鬧或生氣「威脅」父母，此時，家長要把眼光放遠一點，為了今後的教育，要對孩子的要求進行冷處理，不予理睬。但也要留心孩子的安全問題，可以勸慰孩子，但不要就勢順從。

3.轉移孩子的注意力。孩子總是提出不合理要求，其實是因為他們沒有從時間、地點、場合等方面來考慮自己的言行以及願望的可行性。這個時候，家長除了要給予提醒和告誡之外，還要充分利用孩子的注意力不穩定的心理特徵，巧妙地轉移其注意力，讓孩子在不知不覺中「放棄」自己原來的需求。

4.說明拒絕的理由。家長在拒絕孩子的時候，最好說清楚原因。如果家長只是拒絕而不指出其中的緣由，甚至是編造其他的藉口，這都是不可取的，還會為今後的教育帶來麻煩。比如，當孩子向家長索要玩具時，不要說「太貴了！」不妨告訴孩子：「玩具多並不代表真正的幸福和歡樂。」或者是與孩子商議好，下個月再買，都可以。

5.就事論事講道理。當家長明確指出了拒絕原因時，也不要忘了表達自己對孩子的愛意。比如，明確告訴孩子，不同意買昂貴的衣服是因為要維持全家的開支，保證孩子能夠順利上學，而且「攀比」和「虛榮」的心理是有害的。同時也要告訴孩子，家長接受孩子合理的要求是出於愛與責任，同樣，拒絕那些不合理的要求也是出於愛與責任。

6.拒絕了就要堅持到底。家長最難做到的不是對孩子說「不」，而是說完之後要如何堅持到底。尤其是當看到孩子在委屈地掉眼淚時，家長往往就捨不得了，心想：畢竟還是個孩子，這次就滿足一下他吧！結果，孩子找到了父母的弱點，只要被拒絕，都會用哭鬧來威脅父母。家長要知道的是，這是孩子用來逼迫父母「就範」的主要手段，假如家長「招架不住」，最後就只能服軟，滿足孩子的所有需求。以後再遇到類似的情況，孩子就會變本加厲、越來越會吵鬧了。當孩子養成了不講理、無理取鬧的壞習慣時，再去糾正，恐怕就難了。

國家圖書館出版品預行編目資料

親子高效溝通，從爭執到擁抱的教育策略：重視「身教」× 祖母法則 × 獨立思考 × 反省策略，沒有解不開的親子迷局，探索愛與理解的教育旅程！ / 高惠娟 著 . -- 第一版 . -- 臺北市：樂律文化事業有限公司, 2024.06

面； 公分

POD 版

ISBN 978-626-98687-3-5(平裝)

1.CST: 親職教育 2.CST: 子女教育 3.CST: 溝通技巧

528.2 113007542

親子高效溝通，從爭執到擁抱的教育策略：重視「身教」× 祖母法則 × 獨立思考 × 反省策略，沒有解不開的親子迷局，探索愛與理解的教育旅程！

作　　者：高惠娟
責任編輯：高惠娟
發 行 人：黃振庭
出 版 者：樂律文化事業有限公司
發 行 者：崧博出版事業有限公司
E-mail：sonbookservice@gmail.com
粉 絲 頁：https://www.facebook.com/sonbookss/
網　　址：https://sonbook.net/
地　　址：台北市中正區重慶南路一段 61 號 8 樓
8F., No.61, Sec. 1, Chongqing S. Rd., Zhongzheng Dist., Taipei City 100, Taiwan
電　　話：(02) 2370-3310　　傳　　真：(02) 2388-1990
定　　價：420 元
發行日期：2024 年 06 月第一版
◎本書以 POD 印製